Du bist da – 2006

Eine Buchreihe für die Praxis –
herausgegeben in Verbindung
mit dem Württ. Evang. Landesverband
für Kindergottesdienst

© 2005 Verlag Junge Gemeinde
Leinfelden-Echterdingen
1. Auflage
Umschlag und Typografie: Dieter Kani, Stuttgart
Satz, Druck und Bindearbeiten:
Paul Schürrle, Stuttgart

ISBN 3-7797-0454-4

Gebete zum Plan für den Kindergottesdienst

2006

Herausgegeben von
Peter Hitzelberger
Gottfried Mohr

VERLAG JUNGE GEMEINDE

Inhalt

Zu diesem Buch   8

1. Januar 2006   Neujahr   9

Engel als Begleiter im neuen Jahr   14
»... dass sie dich behüten auf allen deinen Wegen.«

8. Januar 2006	1. Sonntag nach Epiphanias	16
15. Januar 2006	2. Sonntag nach Epiphanias	16
22. Januar 2006	3. Sonntag nach Epiphanias	17

Was ist das für ein Mensch?   18

29. Januar 2006	4. Sonntag nach Epiphanias	19
5. Februar 2006	Letzter Sonntag nach Epiphanias	20
12. Februar 2006	Septuagesimä	20
19. Februar 2006	Sexagesimä	21

Ein Freitag im März   22
Weltgebetstag

26. Februar 2006	Estomihi	24
5. März 2006	Invokavit	24
12. März 2006	Reminiszere	25

Wer hat das Sagen?   26
Passion nach Matthäus

19. März 2006	Okuli	28
26. März 2006	Lätare	29
2. April 2006	Judika	30
9. April 2006	Palmarum	31
14. April 2006	Karfreitag	32

Christus bleibt den Menschen gegenwärtig   34
Ostern nach Matthäus

16./17. April 2006	Ostern	35
23. April 2006	Quasimodogeniti	36

Gott und die Welt ins Gebet nehmen 38

30. April 2006	Misericordias Domini	41
7. Mai 2006	Jubilate	42
14. Mai 2006	Kantate	42
21. Mai 2006	Rogate	43

Echt himmlisch ... 44
Gleichnisse vom Himmelreich nach Matthäus 13

25. /28. Mai 2006	Christi Himmelfahrt / Exaudi	46
4./5. Juni 2006	Pfingsten	47
11. Juni 2006	Trinitatis	48

Rut 49
In der Fremde Heimat finden

18. Juni 2006	1. Sonntag nach Trinitatis	49
25. Juni 2006	2. Sonntag nach Trinitatis	51
2. Juli 2006	3. Sonntag nach Trinitatis	52

Gib uns Ohren, die hören, und Augen, die sehn 54
Sinnvolle Gaben Gottes

9. Juli 2006	4. Sonntag nach Trinitatis	54
16. Juli 2006	5. Sonntag nach Trinitatis	56
23. Juli 2006	6. Sonntag nach Trinitatis	58

»Gottes Liebe ist wie die Sonne« 60
Symbol Sonne

30. Juli 2006	7. Sonntag nach Trinitatis	62
6. August 2006	8. Sonntag nach Trinitatis	63
13. August 2006	9. Sonntag nach Trinitatis	63

»Siehe, ich lege meine Worte in deinen Mund« 64
Jeremia – das Geschick eines Propheten

20. August 2006	10. Sonntag nach Trinitatis	65
27. August 2006	11. Sonntag nach Trinitatis	66
3. September 2006	12. Sonntag nach Trinitatis	67
10. September 2006	13. Sonntag nach Trinitatis	68

Und Gott will es nicht lassen! 69
Von der wunderbaren Bewahrung des Lebens auf Erden

17. September 2006	14. Sonntag nach Trinitatis	69
24. September 2006	15. Sonntag nach Trinitatis	70
1. Oktober 2006	16. Sonntag nach Trinitatis	70

Kunterbuntes von Gott und der Welt 71

8. Oktober 2006	17. Sonntag nach Trinitatis	73
15. Oktober 2006	18. Sonntag nach Trinitatis	75
22. Oktober 2006	19. Sonntag nach Trinitatis	77

Gott bin ich recht, so wie ich bin 79
Von Gottes großer Güte

29. Oktober 2006	20. Sonntag nach Trinitatis	80
5. November 2006	21. Sonntag nach Trinitatis (Reformationsfest)	80
12. November 2006	Drittletzter Sonntag im Kirchenjahr	82

Wenn uns die Angst packt 83
Worte und Geschichten gegen die Angst

19. November 2006	Vorletzter Sonntag im Kirchenjahr	84
26. November 2006	Ewigkeitssonntag	85

Advent – der weite Weg nach Bethlehem 87
Advent und Weihnachten nach Lukas

3. Dezember 2006	1. Advent	87
10. Dezember 2006	2. Advent	89
17. Dezember 2006	3. Advent	90
24. Dezember 2006	4. Advent/Heiligabend	91
25./26. Dezember 2006 31. Dezember 2006	Christfest und 1. Sonntag nach Weihnachten	92

Stichwortregister	94
Bibelstellenregister	95
Die Mitarbeiterinnen und Mitarbeiter dieses Heftes	96

Verzeichnis der Lieder

Bittet, so wird euch gegeben	38
Gottes Gerechtigkeit ist das Maß der Welt	81
Hell ist der Tag und dunkel die Nacht	60
Schweige und höre	55
Segen mache dein Leben hell	61
Sende mich, Herr!	64
Von allen Seiten	27
Wer bringt die Sonne	62
Wo sind die Toten?	33

Abkürzungsverzeichnis

BdH	Bei dir bin ich zu Hause, Texte für die Liturgie im Gottesdienst mit Kindern
Dbd	Du bist da, Gebete zum Plan für den Kindergottesdienst
EG	Evangelisches Gesangbuch
KG	Kindergesangbuch, Claudius Verlag, München
MKL	Menschenskinderlieder 1+2, Beratungsstelle Frankfurt
LJ	Liederbuch für die Jugend, Gütersloher Verlagshaus
PKG	Plan für den Kindergottesdienst, Gesamtverband für Kindergottesdienst
VJG	Verlag Junge Gemeinde, Leinfelden-Echterdingen

Zu diesem Buch

Seit 1998 hat sich »Du bist da« einen festen Platz unter den Arbeitshilfen für den Kindergottesdienst erworben. Das Buch ergänzt die Zeitschrift »Evangelische Kinderkirche« (VJG), die sich seit jeher vor allem zum Ziel gesetzt hat, die Mitarbeiterinnen und Mitarbeiter vom jeweiligen Bibeltext, den der Plan für den Kindergottesdienst vorgibt, bis zum ausgearbeiteten Erzählvorschlag zu führen.
Eine Vielzahl von Autorinnen und Autoren aus den verschiedensten Regionen Deutschlands, aus unterschiedlichen Landeskirchen, mit jeweils ganz anderen Erfahrungen in der bunten Kinderkirchlandschaft, trägt zu jedem Jahrgang von »Du bist da« bereichernd bei.

Wie soll »Du bist da« verwendet werden?

Die Gebete sind Gottesdienstgebete, in die eine Gruppe einstimmen kann. Persönliche Anliegen, besondere Situationen müssen jeweils besonders mit einbezogen werden. Öfters heben die Autorinnen und Autoren in ihren Vorschlägen auch die Orte hervor, wo persönliche Anliegen der Kinder aufgenommen werden können.
Nicht für jede Gemeindesituation passt alles, manches muss vor Ort angepasst und umgestaltet werden. Gerade beim Beten kann nicht einfach abgelesen werden, sondern das »Herz« muss sprechen. Aber ohne Anregungen von außen, ohne feste Formen und Rituale ist auch das Herz schnell überfordert. Deshalb darf und muss es dieses Heft geben. Wenn Sie sich Ihre liturgische Gestaltung – auch entsprechend der Gepflogenheiten Ihrer Landeskirche – mit den Vorschlägen dieses Buches erarbeiten, dann vergessen Sie nicht, auch Phasen der Stille und Gebetsformen, bei denen die Kinder selbst zu Wort kommen, einzuplanen.
Ganz bewusst sind auch wieder Autorinnen und Autoren aus dem Kindergottesdienst der katholischen Kirche dabei. Auch dies ist eine große Bereicherung.
Die Register im Anhang des Buches erschließen die Gebete auch für den Gebrauch in anderen Jahren, für Familiengottesdienste, für andere Gemeindeveranstaltungen und für die Schule. Viele nutzen die bisher erschienenen Bände bereits für diese anderen Arbeitsfelder. »Du bist da« ist also nicht nur für ein Jahr, sondern eine lohnende Fundgrube für alle, die mit Kindern Gottesdienst feiern und Gebet gestalten wollen.

Peter Hitzelberger   *Gottfried Mohr*

1. JANUAR 2006 — NEUJAHR

Jahreslosung 2006:

Ich lasse dich nicht fallen und verlasse dich nicht.

(Josua 1,5b)

Zum Text

Hoffungsworte sind wichtig. Sie werden beim Abschied ausgesprochen oder dann, wenn etwas Neues beginnt. Die Zusage der Losung ist eine große Ermutigung am Beginn des neuen Jahres. Sie kann uns durch das ganze Jahr tragen und uns Halt geben in allem, was uns widerfährt.

Wir haben dieses Losungswort auf dem Bildmotiv bewusst in anderer Reihenfolge geschrieben, weil wir meinen, dass Kinder zuerst die Erfahrung brauchen, gehalten und behütet zu sein: »Ich verlasse dich nicht ...«

Diese Zusage ist an Josua gerichtet. Als Nachfolger des Mose soll er das Volk in das von Gott verheißene Land führen.

Wer war Josua, dass er so viel Mut braucht? In der Geschichte des Alten Testaments erfahren wir wenig zu seiner Person. In 4. Mose 13,16 steht, dass er aus dem Haus Nun im Stamm Ephraim kommt. Er war kein ausgebildeter Beamter, kein Priester, kein Prophet. Er war

»Zuarbeiter« des Mose. Jahrelang hat er Mose unterstützt und ihm gedient. Mose gab ihm den neuen Namen: »Josua«, das heißt »Gott hilft«. Er ist aufgewachsen und erzogen im Glauben an Jahwe, den alleinigen Gott. Das ist seine einzige Gewissheit.

Josua kommt mit dem Volk aus der Wüste. Er hat dort erlebt, wie heikel das Leiten und die Macht der Verantwortung sind. Oft meuterte das Volk gegen Mose. Er hat also durchaus eine Ahnung von dem Amt, Israel zu führen.

Erst wird er Spion. Er wird mit anderen Männern als Kundschafter in die Fremde geschickt, um die Landnahme vorzubereiten. Sie sollen erkunden, wie er ist, der Traum vom Land, »wo Milch und Honig fließen«. Josua erzählt von der »Schönheit des Landes« (4. Mose 14, 6). Aber die, die mit ihm waren, beschreiben Schreckliches (4. Mose 13, 33 ff.). Riesige Menschen, befestigte Städte, dicht besiedelte, uneinnehmbare Landstriche haben sie erschreckt.

Kaum ist diese Nachricht verarbeitet, stirbt Mose. Josua soll nun das Volk führen. Ist das nicht zuviel an Herausforderungen? Was wartet auf Josua? Kann er das, ein ganzes Volk in Frieden führen? Wird es ihm gelingen, den Weg in das verheißene Land zu finden? Werden sie in die befestigten Städte einziehen und sich dort als Volk behaupten können?

Für Josua ist es in diesem Moment ein Weg ins Ungewisse. Aber es gibt nur den Weg nach vorne, den Weg des Aufbruchs.

Gott gibt keine materiellen Zusicherungen mit, aber er garantiert ihm seine Gegenwart. Josua vertraut und wagt. »Gott hilft« – dieses Versprechen geht mit Josua. Dies ist das Versprechen Gottes an uns für das Jahr 2006.

Zum Bild

Der Stuttgarter Künstler Thomas Putze hat diese Jahreslosung in ein anschauliches Bild gebracht. Die Sonne scheint. Wasser perlt in großen Tropfen. Der Himmel ist in tiefes Blau getaucht. So stelle ich mir einen Ferientag vor: Sonne, Strand und Wasser.

Mein Blick wird aber von einem ganz anderen Ereignis angezogen: Hier zappelt ein kleiner Mensch. Alles an ihm ist in Bewegung, seine Haare, seine Arme und Beine, das Wasser auch. Dieses Kind ist in eine schwierige Situation geraten. Die Haare stehen ihm buchstäblich zu Berge. Krampfhaft hält es sein Spielzeug fest. Breit stemmt es die Arme gegen die Wellen. Was helfen die bunten Schwimmringe, wenn die Angst riesengroß wird? Das Kind sieht nicht mehr die bunten Fische, die munter umhergleiten. Wird das Kind schreien? Wird es gegen die Wellen brüllen? Was wird ihm helfen?

Der Künstler hat rettende Ideen gemalt. Er schildert keinen Unfall, sondern zeigt, wie gefährdet das Leben immer wieder ist. Gerade eben war alles schön und ungetrübt. Und trotzdem ist man nicht sicher. Aber es gibt Hilfe. Das Kind ist nicht allein in den wogenden Wellen. In der Ferne liegt ein Boot. Ein Mann hält das Seil, an dem der rettende Ring hängt. Ein Griff, und die Situation wandelt sich.

Unterstrichen wird dies noch durch die leuchtende Sonne, die in das Bild von oben eindringt. Sie kann als Zeichen für die Gegenwart und Kraft Gottes gedeutet werden, der in die Gefahr, in der das Kind schwebt, eingreift.

Hilft Gott immer?, fragen viele. Wo war er bei der großen Flut in Thailand und Indonesien? Ist er auch im Unglück nahe? Ist er da, wenn eine große Herausforderung kommt? Oft haben wir darauf keine Antwort. Die Bibel erzählt uns von Gottes großen Zusagen an Menschen, so auch an Josua. Sein Name steht für seine Erfahrung: »Gott hilft«.

Gott sagt zu ihm: »Ich bin mit dir, Josua. Wenn du meinst, alles stürzt wie eine große Woge über dir zusammen, dann halte ich meine Hand unter dich. Vertraue mir!« Josua wagt sich an die neue Aufgabe, sein Volk zu führen. In eine ungewisse Zukunft geht er mutig hinein, denn er weiß, da ist ein Größerer, der verlässt ihn nicht, der lässt ihn nicht fallen.

Wir hoffen, dass das Kind hier erlebt, dass der Schwimmring trägt und das Seil gesichert ist. Der Künstler hat einen Rettungsring ins Bild gesetzt, der selbst Fische zum Springen bringt. Und er hat das Seil kräftig und stark gemalt. Das Mädchen ist der Gefahr nicht hilflos ausgesetzt. So, wie es seine Puppe festhalten wird, wird es auch den weißroten Rettungsring packen und gesichert sein. Und vielleicht wird das Mädchen später zu Hause erzählen: »Erst war es ganz gefährlich. Ich bekam Angst. Ich schrie laut. Dann sah ich den Ring, spürte das Seil. Ich packte zu, das Seil zog mich bis zum Boot. Der Vater nahm mich in den Arm, mich und meine Puppe.«

Ideen zum Gespräch:

Wo scheint die Sonne? Wo ist es dunkel?
Welche Gegenstände helfen zur Rettung?
Wer wird gehalten – von wem?

Was würde ich in der Situation tun, in der das Kind ist?
Wo fühlte ich mich verlassen, allein gelassen, fallen gelassen?
Was erzähle ich weiter, wenn ich etwas Schwieriges gemeistert habe?
Habe ich Gottes Hilfe schon einmal erfahren?
Welches Gebet macht mir Mut, wenn ich mich fürchte?

Alma Grüßhaber

Psalmgebet (nach Psalm 27)

Der Herr ist mein Licht und mein Heil,
vor wem sollte ich mich fürchten?

Gott ist stärker. Gott ist bei mir.

Wenn wir Angst haben,
wenn wir uns bedroht und eingeengt fühlen,
wenn wir allein sind und keiner zu uns hält,
dann dürfen auch wir wissen:

Gott ist stärker. Gott ist bei mir.

Es ist gut, dass Gott bei uns ist.
Wir dürfen immer zu ihm kommen
mit unserem Kummer und unseren Sorgen.
Er hebt uns aus der Gefahr heraus
wie ein Adler sein Junges, denn:

Gott ist stärker. Gott ist bei mir.

Darum hoffen wir auf Gott.
Weil er stark ist, sind auch wir stark.
Weil er uns Halt gibt, haben wir festen Mut.
Wir wissen:

Gott ist stärker. Gott ist bei mir.

Du berufst immer wieder Menschen,
die sich klein und hilflos fühlen,
die Angst haben und sich der Aufgabe nicht gewachsen fühlen,
so wie Josua oder David.
Danke, dass wir durch sie wissen:

Gott ist stärker. Gott ist bei mir.

Eingangsgebet
Stichwort: Unter deinem Segen

Gott, du bist für uns Vater und Mutter.
Du begleitest uns mit deiner Stärke und mit deinem Schutz.
Am Beginn des neuen Jahres kommen wir zu dir,
um dieses Jahr und uns unter deinen Segen zu stellen.
Wir wissen nicht, was auf uns zukommt.
Wir wissen nicht, welche frohen Ereignisse auf uns warten.

Wir wissen nicht, was uns an Schwierigkeiten
und was uns an Kummer erwarten.
Aber wir wollen uns dir anvertrauen,
denn du schenkst uns die Kraft und den Mut,
die wir brauchen, um dieses neue Jahr zu bestehen.

Schlussgebet
Stichwort: Gott lässt uns nicht fallen.

Wir danken dir für diesen Gottesdienst.
Du hast dein Wort gegeben,
dass du uns nicht fallen lässt.
Du gehst mit uns durch diesen Tag
und durch dieses neue Jahr,
was immer auch passiert.
Wir können uns darauf verlassen,
dass du uns beschützt.
In dir sind wir geborgen.
Danke, du großer und starker Gott.
Danke, du behütender und liebender Gott.
Danke, du geduldiger und aufmerksamer Gott.

Peter Hitzelberger

Das Motiv zur Jahreslosung ist beim Verlag Junge Gemeinde erhältlich als:

Faltkarte (DIN-lang)
Mit Auszügen aus diesen Meditationstexten (10er Serie)
1 Serie: € 12,--; ab 5 Serien: je € 11,25; ab 10 Serien je € 10,50
Best.-Nr. 490-0

Lesezeichen (5,2 x 14,8 cm) (10er Serie)
1 Serie: € 2,50; ab 5 Serien: je € 2,40; ab 10 Serien je € 2,30
Best.-Nr. 491-9

Postkarte (DIN A 6) (10er-Serie)
1 Serie: € 4,--; ab 5 Serien € 3,75; ab 10 Serien € 3,50
Best.-Nr. 492-7

Plakat (DIN A 3)
€ 3,90, Best.-Nr. 494-3

Plakat (DIN A 4)
€ 1,90, Best.-Nr. 493-5

(Preise jeweils zzgl. Versandkosten)

Engel als Begleiter im neuen Jahr

»... dass sie dich behüten auf allen deinen Wegen.«

FÜR DIE GANZE REIHE

Psalmgebet (nach Psalm 91,11)

Es gibt immer wieder Situationen in unserem Leben,
in denen wir im letzten Moment vor Gefahren bewahrt werden.
Daran wollen wir uns erinnern und wir sprechen:

Ich darf sicher sein:
Gottes Engel behüten mich auf meinen Wegen.

Ein Kind rennt einem Ball nach auf die Straße.
Ein Auto kann gerade noch bremsen.
Der Schreck ist groß, und doch:

Ich darf sicher sein:
Gottes Engel behüten mich auf meinen Wegen.

Wenn ein Kind schwer krank ist
und keiner weiß, was ihm fehlt.
Das Fieber geht nicht runter.
Aber dann fällt es in einen tiefen Schlaf.
Am nächsten Morgen geht es ihm viel besser.
Dann freuen wir uns und sagen:

Ich darf sicher sein:
Gottes Engel behüten mich auf meinen Wegen.

Eigentlich war es nur ein Spaß.
Zwei Kinder machen ein Wettrennen mit dem Fahrrad.
Der eine sieht den Stein nicht, der auf dem Weg liegt.
Er stürzt. Doch er fällt, Gott sei Dank, auf seinen Helm.
Er sagt:

Ich darf sicher sein:
Gottes Engel behüten mich auf meinen Wegen.

Es ist Winter. Plötzliches Tauwetter setzt ein.
Eine Dachlawine löst sich.

Sie fällt auf die Motorhaube eines Autos.
Die Frau, die neben ihrem Auto steht,
kommt mit dem Schrecken davon.
Nur die Motorhaube ist kaputt. Sie denkt:

Ich darf sicher sein:
Gottes Engel behüten mich auf meinen Wegen.

Gott, du schenkst uns durch deine Engel
immer wieder Bewahrung und Hilfe.
Wir danken dir und sprechen:

Ich darf sicher sein:
Gottes Engel behüten mich auf meinen Wegen.

Segen

Der Engel Gottes gehe vor dir her, um dir deinen Weg zu zeigen.
Der Engel Gottes gehe neben dir, um dir Halt zu geben.
Der Engel Gottes halte seine Hand über dich und segne dich.

Gesprächsimpuls

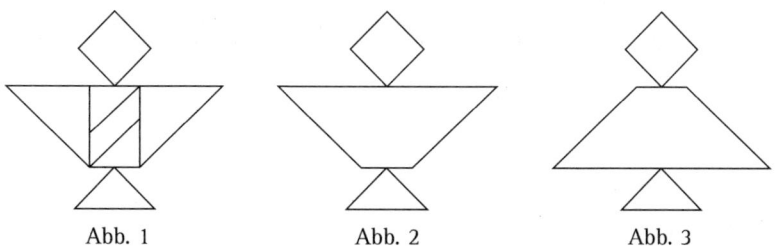

Abb. 1   Abb. 2   Abb. 3

Man legt mit Teilen eines Tangram-Legespiels (Abb. 1) einen Engel und umfährt diese. Ein stilisierter Engel ist jetzt abgebildet (Abb. 2). Nach dem ersten Lied sollen die Kinder die Abbildung erkennen und versuchen, sie mit eigenen Tangramsteinen nachzulegen. Daran kann sich ein Gespräch über Engel anschließen: Woran man sie erkennen kann, ob es sie gibt und wenn ja, wer schon einmal einem ‚begegnet' ist! Man kann auch ausprobieren, was passiert, wenn man die Flügel einmal um 90° dreht (Abb. 3). Dann sieht die Figur aus wie ein Mensch, der die Arme geöffnet hat. So wird aus jedem Engel ein ‚normaler' Mensch und ‚umgedreht'!

8. Januar 2006 — 1. SONNTAG NACH EPIPHANIAS

Matthäus 2,13-15 (16-18) 19-23
Gottes Engel führt Jesus einen guten Weg.

Schlussgebet
Stichwort: Traumdeutung

Guter Gott, jeder Mensch träumt jede Nacht.
Oft wissen wir morgens nicht mehr, was wir geträumt haben.
In uns ist nur noch ein Gefühl:
Das war ein guter oder ein schlechter Traum.
Auch Josef träumt. Er träumt aber so intensiv,
dass er die Botschaft des Traums
noch klar vor Augen hat: Wir müssen fliehen.
Er denkt nicht nach, sondern folgt seinem Traumgefühl.
Viel später erfährt er, dass es gut so war.
Er hat seinem Sohn das Leben gerettet.
Guter Gott, lass uns in der kommenden Woche
ab und zu auf unser Traumgefühl lauschen.
Lass uns versuchen, der Traumbotschaft hinterher zu spüren.
Denn deine Engel kennen viele Wege zu uns.

15. Januar 2006 — 2. SONNTAG NACH EPIPHANIAS

Psalm 91,11-12 (Schwerpunkt)
Gottes Engel behütet dich auf deinem Weg.

Schlussgebet
Stichwort: Schutzengel

Guter Gott, deine Engel sind um uns herum.
Sie bewahren uns häufiger als wir wahrnehmen.
Sie können sich auch in Menschen zeigen, die uns beistehen.
In der Mutter, die nach einer kalten Schlittenfahrt
schnell einen heißen Tee für uns kocht.
Im Papa, der mich das letzte Stück Weg
auf seinen Schultern trägt.

In der Schwester, die mich tröstet,
wenn ich mit einer schlechten Note heimkomme.
Guter Gott, es gibt so viele Situationen, in denen ich merke:
hier hat mir ein Engel etwas Gutes getan.
Dafür möchte ich dir danken.
Danke, dass du deine Engel zu mir schickst.

22. Januar 2006   3. SONNTAG NACH EPIPHANIAS

Apostelgeschichte 12,6-17
Gottes Engel ist bei dir, wenn du nicht weiter weißt.

Schlussgebet
Stichwort: Gefesselt

Guter Gott, manchmal passieren uns Dinge,
die wir nicht erklären können.
Petrus sitzt im Gefängnis,
gefesselt in Ketten –
eine aussichtslose Situation?
Es wird erzählt, dass ein Engel ihn
von seinen Ketten befreit.
Ende gut – alles gut?

Guter Gott, auch ich fühle mich oft gefesselt,
gefesselt durch die Verpflichtungen
und Leistungsanforderungen in der Schule.
Gefesselt durch Freunde, die erwarten,
dass ich immer topmodisch gekleidet bin.
Gefesselt durch meine Geschwister,
denen ich bei den Hausaufgaben helfen soll.
Gefesselt durch meine Eltern,
die Mitarbeit im Haushalt wünschen.

Guter Gott, hilf auch mir heute,
mich von meinen Fesseln zu lösen.
Hilf mir, dass ich mir Freiräume zum Atmen schaffe.
Danke, dass du mir dabei zur Seite stehst.

Claudia Rembold-Gruss

Was ist das für ein Mensch?

FÜR DIE GANZE REIHE

Begrüßung

Liebe Kinderkirchkinder,
Jesus lädt euch zu diesem Gottesdienst ein.
Jesus feiert heute mit uns sein Fest.
Jesus war ein besonderer Mensch, davon erzählen wir euch heute.
Jesus ist der Sohn Gottes, in seinem Namen
sind wir heute zusammen gekommen und feiern Gottesdienst.
Wie gut, dass du bei uns bist, Jesus.

Psalmgebet (nach Psalm 72)

Gott, gib deinem Sohn Macht in der Welt.
Lass Jesus stark sein unter den Menschen.
Solange die Sonne scheint und der Mond leuchtet,
sollst du für uns das Leben sein.

Die Berge leuchten in deinem Frieden
und die Hügel glänzen vor Freude über deine Gerechtigkeit.

Wie der Regen der Wiese und dem Acker das Wasser bringt,
so bringt dein Sohn den Menschen Heilung und Freude.
Wie die Blumen aufblühen und ihre Farbe zeigen,
so lässt dein Sohn den Frieden unter den Menschen blühen.

Die Berge leuchten in deinem Frieden
und die Hügel glänzen vor Freude über deine Gerechtigkeit.

Den Armen bringt dein Sohn Hilfe
und die Gebeugten richtet er auf.
Wer keine Hilfe im Leben hat, findet Hilfe bei ihm.
Die Starken erkennen,
dass dein Sohn ganz anders stark ist,
wie Menschen sich das Starksein vorstellen.

Die Berge leuchten in deinem Frieden
und die Hügel glänzen vor Freude über deine Gerechtigkeit.

Segen

Segne uns, wenn wir Kinder sind, und schenke uns deinen Himmel.
Segne uns, wenn wir Jugendliche sind,
und behüte uns, wenn wir das eigene Leben entdecken.
Segne uns, wenn wir Erwachsene sind. Lass uns deine Kinder sein.

Gestaltungsidee

Auf manchen alten Kirchenfenstern wird der Stammbaum Jesu dargestellt: Eine Ranke entspringt dem Leib des Jesse und in Medaillons, die von der Ranke umrahmt werden, sind ausgewählte Vorfahren Jesu dargestellt. Ich schlage vor, die Themen der Gottesdienstreihe: »Oma und Opa«, »glücklich sein«, »stark sein« und »Große und Kleine« auf runden Kartons in unterschiedlichen Techniken zu gestalten und die vier runden Bilder mit einer aus grünem Tonpapier geschnittenen Ranke zu verbinden, die aus einer Menschenfigur entspringt.

29. Januar 2006 — 4. SONNTAG NACH EPIPHANIAS

Matthäus 1,1-17 – Jesu Stammbaum - anstößig

Schlussgebet
Stichwort: Oma und Opa

Vater im Himmel,
Oma und Opa erzählen gern, wie es früher war.
Sie erzählen von Mama und Papa, als sie Kinder waren.
Sie erzählen von ihren Eltern und Großeltern.
Wie alt wären die Großeltern von Oma heute?
Wie alt wäre Jesus, wenn er heute noch leben würde?
Oma kennt Jesus, ihre Oma hat ihn auch gekannt.

Jesus hatte Eltern und Großeltern.
David war der Ururur...opa von Jesus.
Rut war die Ururur...oma von Jesus.
Ich staune, Gott, wie lange es schon Omas und Opas gibt,
die dich kennen und zu dir beten.
Ich danke dir für meine Eltern und Großeltern.

Es ist schön, wenn ich meinen Großeltern zuhören kann.
Sie haben Sachen gesehen, die es nicht mehr gibt.
Einmal werde ich auch Enkelkinder haben
und ihnen erzählen, was ich mit dir, großer Gott, erlebe.
Darauf freue ich mich.

5. Februar 2006 — LETZTER SONNTAG NACH EPIPHANIAS

Matthäus 5,1-16 – Jesu Bergpredigt – unglaublich

Schlussgebet
Stichwort: Wer ist glücklich?

Tröster im Himmel,
manchmal bin ich glücklich und weiß gar nicht warum.
Die Freude kommt einfach so aus mir heraus.
Die Sonne lacht und mit meinen Inlinern fahre ich schnell dahin.
Ich spiele im Schnee und spüre
die kalten Schneeflocken auf meinem Gesicht.
Ich danke dir für die glücklichen Stunden, die ich erlebe.

Jesus sagt: »Glücklich sind die, die eigentlich arm dran sind.«
Ich weiß nicht, ob das stimmt.
Wenn ich weine, bin ich traurig und möchte mich verstecken.
Dann brauche ich die Schulter meiner Eltern, die mich trösten.
Du, Gott, tröstest die Erwachsenen, wenn sie traurig sind.

In der Kinderkirche beten wir:
»Glücklich sind die, die von dir, Gott, etwas erwarten.«
Ich danke dir, dass du für mich da bist.
Auf dich ist Verlass. Von dir kann ich Hilfe erwarten.
Ich werde auch glücklich mit dir sein, wenn mein Leben schwer wird.

12. Februar 2006 — SEPTUAGESIMÄ

Matthäus 8,5-13
Jesu Begegnung mit dem heidnischen Hauptmann – erstaunlich

Schlussgebet
Stichwort: Die stärkste Macht der Welt

Starker Gott,
alle wollen stark sein.
Mein Bruder will der stärkste sein.
Aber der stärkste bist du, Gott.
Du bist stärker als meine Feinde.
Du bist stärker als meine Angst.

Jesus ist genauso stark wie du.
Aber als die Menschen ihn geschlagen haben,
hat er sich nicht gewehrt. Er war stark im Sterben.
Jesus, du bist stärker als der Tod und stärker als die Krankheit.
Wenn ich schwach bin, beschützt du mich.

Soldaten sind stark. Der römische Hauptmann war stark.
Seine Armee war die allerstärkste.
Du, Gott, brauchst keine Soldaten.
Du bist stark, wenn mein Freund krank ist.
Du bist stark, wenn meine Eltern sich Sorgen machen.
Ich danke dir für deine Stärke.

19. Februar 2006   **SEXAGESIMÄ**

Matthäus 19,13-15 – Jesus und die Kinder – umwertend

Schlussgebet
Stichwort: Große und Kleine

Großer Gott,
weshalb dauert es so lange, bis ich groß bin?
Große dürfen alles.
Große bestimmen alles.
Große wissen alles besser.
Große könne sich alles kaufen.
Ich möchte auch groß sein.

Du bist groß, Gott, größer als ich es mir vorstellen kann.
So groß, dass sogar die Großen sagen: »Gott ist groß.«
Dein Sohn Jesus war für die Kleinen da.
Die Großen fanden ihn nicht so gut.
Ich bin froh, dass du, Jesus, für mich da bist.
Du bist mein Freund und Bruder.

Wir Kinder sind klein und brauchen deine Liebe, Gott.
Jesus, zu dir können wir kommen, ob wir klein sind oder groß.
Du segnest uns mit der Kraft des Heiligen Geistes.
Wir werden stark im Leben, genauso stark wie die Großen.
Wir danken dir für deinen guten Segen.
Wir danken dir für deine große Hilfe.

Lutz Geiger

Ein Freitag im März
Weltgebetstag

FÜR DIE GANZE REIHE

Psalmgebet (mit gesungenem Kehrvers)

Als Kehrvers eignet sich dazu das Taizé-Lied: »Laudate omnes gentes« (EG 181.6; LJ 126). Man kann es in unterschiedlichen Sprachen singen, um so den weltumspannenden Charakter der Weltgebetstagsbewegung und der Christenheit zu verdeutlichen. Dies ist vor allem für die Großen im Kindergottesdienst reizvoll, begeistert aber auch schon Grundschulkinder:

Lateinisch: Laudate omes gentes, laudate Dominum.
Deutsch: Lobsingt ihr Völker alle, lobsingt und preist den Herrn.
Englisch: Sing praises, all you peoples, sing praises to the Lord.
Kisuaheli: Si-fu-ni wa-tu wo-te si-fu-ni Mwen-yen-zi.
Spanisch: A-la-ben pueb-los to-dos, a-la-ben al Señor.

Der Weltgebetstag erinnert uns daran, dass wir weltweit zur einen großen Familie der Kinder Gottes gehören. Symbol für den Bund Gottes mit seiner Menschheit und der ganzen Schöpfung ist der Regenbogen aus der Noahgeschichte (1. Mose 9,13). Mit farbigen Chiffontüchern oder Krepp-Papierstreifen lässt sich beim Beten des Psalmgebets ein Regenbogen legen.

Guter Gott, wir danken dir,
dass wir heute Morgen zusammenkommen dürfen.
Wie das Licht jeden Morgen erstrahlt,
machst du unser Leben hell.
    (gelbes Tuch)

Wir bitten dich:
Segne alle, die jetzt im Gottesdienst Gemeinschaft erfahren,
bei uns hier in ... und überall sonst auf der Welt.
Entzünde in uns den Funken der Hoffnung
und lass uns zu Kindern des Lichts werden.
    (orangefarbenes Tuch)

Laudate omnes gentes ...

Du hast uns die Welt geschenkt,
damit wir auf ihr leben können.
Du schenkst uns, was wir zum Leben brauchen.
Du hast alles gut gemacht.
(grünes Tuch)

Manchmal fühlen wir uns dir ganz nahe.
Wie der Himmel die Erde umgibt,
so umschließt du uns mit deiner Güte.
(blaues Tuch)

Laudate omnes gentes ...

Alle Menschen sind deine Kinder,
überall auf der Welt.
Lass uns in jedem Menschen, dem fernen und dem nahen,
unseren Bruder und unsere Schwester erkennen.
(rotes Tuch)

Guter Gott,
überall auf der ganzen Welt kennen dich die Menschen.
Sie freuen sich und loben dich in der Gemeinschaft der Völker.
Immer wieder schenkst du uns Zeichen deiner Gegenwart.
Dafür danken wir dir.
(violettes Tuch)

Laudate omnes gentes ...

Lied nach der Geschichte

Als durchgängiges, von Sonntag zu Sonntag um eine Strophe wachsendes Lied eignet sich gut »Ins Wasser fällt ein Stein« (EG 637; LJ 569): Die Begegnung des Paulus mit Lydia zieht »weite Kreise« (Strophe 1 am 1. Sonntag). Lydia ist die erste Europäerin, die zum Glauben kommt.
Von Philippi aus erreicht das Evangelium ganz Europa. Die frohe Botschaft gibt denen, »die im Dunkeln stehn«, Hoffnung und Lebensmut (Strophe 2 am 2. Sonntag). Hier können ganz konkret die Lebensumstände in Südafrika benannt werden (Hunger, Aids, unsichere politische Verhältnisse, wachsende und lebendige christliche Gemeinden ...).
Schließlich ermutigt das Evangelium, füreinander einzustehen und Lasten zu teilen: »Du brauchst dich nicht allein zu mühn« (Strophe 3 am 3. Sonntag).

26. Februar 2006 — ESTOMIHI

Apostelgeschichte 16,11-13
Ein Freitag im März – Aus der Geschichte des Weltgebetstages

Schlussgebet
Stichwort: Voneinander lernen

Gott, wie gut, dass deine frohe Botschaft allen Menschen gilt!
Wir danken dir, dass du Menschen berufst,
die dein Wort weitersagen.
Wir danken dir, dass du uns Zeiten und Räume schenkst,
wo Menschen einander begegnen,
aufeinander hören und voneinander lernen.
Wir bitten dich:
Lass uns offen sein für Menschen, die anders sind als wir.
Für Menschen, die aus fremden Ländern
zu uns gekommen sind.
Für Menschen mit anderer Hautfarbe und Sprache.
Für Menschen, die nicht an Jesus Christus glauben.
Schenke uns den Mut, auf sie zuzugehen
und von dir zu erzählen.

5. März 2006 — INVOKAVIT

»Signs of the Time« – Frauen aus Südafrika laden ein zum gemeinsamen Gebet.
Kindergottesdienst zum Weltgebetstag aus Südafrika.

Fürbittgebet
Stichwort: Miteinander beten

Gott, du Herr der Welt,
alle Menschen sind deine Kinder.
Wir denken heute besonders an die Menschen in Südafrika.

Wir danken dir für die Schönheit des Landes,
für das fröhliche Singen und Tanzen der Kinder,
für die Gemeinschaft unter den Christen.

Wir bitten dich für die Kinder,
die keine Zeit zum Spielen haben, weil sie Geld verdienen müssen.

Wir bitten dich für die Kinder,
die auf der Straße leben und kein Zuhause mehr haben.

Wir bitten dich für die Menschen,
die an Aids erkrankt sind und nur noch wenig Hoffnung haben.

Wir bitten dich für die Menschen,
die unter Gewalt und Unterdrückung leiden.

Gott, du Herr der Welt,
alle Menschen sind deine Kinder.
Lass uns die Menschen in Südafrika
(und überall sonst auf der Welt) nicht vergessen.

12. März 2006 — REMINISZERE

Galater 6,2
Miteinander – Füreinander: Beispielhafte Aktionen der Weltgebetstagsbewegung

Schlussgebet
Stichwort: Gemeinsam handeln

Gott, du Herr der Welt,
alle Menschen sind deine Kinder.
Du willst, dass alle gut und im Frieden miteinander leben können.
Dein Sohn Jesus Christus hat uns das vorgelebt:
Er war ein Freund für die, mit denen niemand zu tun haben wollte.
Er hat die getröstet, die traurig waren.
Er hat Gewalt abgelehnt.
Hilf uns so zu leben, wie Jesus es uns vorgemacht hat.
Zeige uns, was wir bei uns tun können:
Auf die Neue in der Schulklasse zugehen,
einem zuhören, der Kummer hat,
Streit schlichten statt zu schüren.
Lass uns für andere da sein.

Ute Bögel

Wer hat das Sagen?
Passion nach Matthäus

FÜR DIE GANZE REIHE

Eingangs- oder Psalmgebet

Gott des Lebens,
wie kann es sein, dass wir manchmal das Gefühl haben,
ganz allein und verlassen zu sein?

Weit und breit spüren wir nichts von dir, Gott.
Wohin bist du verschwunden?

Wie kann es sein, dass uns ein Freund,
dem wir vertraut haben, unglaublich weh tut?
Wie kann es sein, dass eine Freundin,
mit der wir so viel geteilt haben,
nichts mehr mit uns zu tun haben will?

Weit und breit spüren wir nichts von dir, Gott.
Wohin bist du verschwunden?

Wie kann es sein, dass ein Mensch, den wir lieben,
sterben muss und einfach nicht mehr da ist?
Wie kann es sein, dass unschuldige Menschen
so viel Schreckliches erleiden müssen?

Weit und breit spüren wir nichts von dir, Gott.
Wohin bist du verschwunden?

Gott, selbst wenn wir dich nicht mehr spüren können.
Du verschwindest niemals aus unserem Leben,
und deine Liebe versucht immer wieder,
uns zu erreichen.

Weit und breit spüren wir nichts von dir, Gott.
Wohin bist du verschwunden?

Von allen Seiten umgibst du mich

1. Ob ich sitze oder stehe, ob ich liege oder

gehe, bist du, Gott, bist du, Gott, bei mir.

Ob ich schlafe oder wache, ob ich weine oder

lache, bleibst du, Gott, bleibst du, Gott, bei mir.

Refrain

Von allen Seiten umgibst du mich und

hältst deine Hand über mir, und

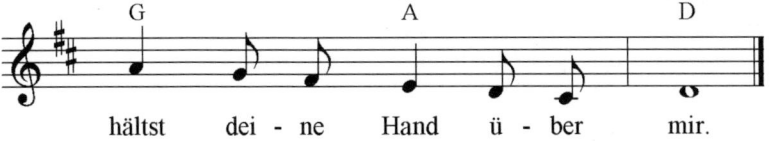

hältst deine Hand über mir.

Text: Eugen Eckert; Melodie: Thorsten Hampel
© Strube Verlag, München-Berlin

2. Dass ich wachse, blühe, reife,
dass ich lerne und begreife,
bist du, Gott, bist du, Gott, bei mir.
Dass ich finde, wenn ich suche,
dass ich segne, nicht verfluche,
bleibst du, Gott, bleibst du, Gott, bei mir.

3. Wo ich sitze oder stehe,
wo ich liege oder gehe,
bist du, Gott, bist du, Gott, bei mir.
Dass ich dein bin, nicht verderbe,
ob ich lebe oder sterbe,
bleibst du, Gott, bleibst du, Gott, bei mir.

19. März 2006   **OKULI**

Matthäus 21,1-17
Einzug in Jerusalem, Tempelreinigung und Lobpreis der Kinder
Wem jubeln wir zu?

Schlussgebet
Stichwort: Hoch gelobt und fallen gelassen

Gott des Lebens,
das tut gut,
wenn sich jemand freut, uns zu sehen,
wenn jemand sagt: »Gut, dass es dich gibt!«

Das gibt ein warmes Gefühl im Bauch,
wenn wir gelobt oder bewundert werden.
Noch toller ist es,
wenn uns jemand zujubelt.

Aber beängstigend ist,
wie schnell man fallen gelassen werden kann.
Heute noch ein Star,
morgen schon vergessen oder sogar angefeindet.

Das ist Jesus passiert,
das passiert heute auch immer wieder –
bekannten Leuten, aber auch uns.

Da brauchen wir Freunde, die zu uns stehen.
Da brauchen wir Freundinnen, die ehrlich sind.
Und da brauchen wir dich.
Danke, dass du immer zu uns stehst.

26. März 2006 — **LÄTARE**

Matthäus 26,1-16 – Todesbeschluss und Salbung
Was rechnet sich?

Schlussgebet
Stichwort: Liebe und Nähe im Angesicht des Todes

Gott des Lebens,
das ist beängstigend,
wenn jemand damit rechnen muss, dass er getötet wird,
weil er den Mächtigen gefährlich geworden ist.
Das ist beängstigend,
wenn wir erleben, dass jemand sagt:
»Ich werde nicht mehr lange leben.«

Da ist es gut,
wenn Menschen trotz ihres Schreckens
nicht weglaufen.
Wenn sie ein Zeichen setzen,
wie die Frau mit dem kostbaren Öl.
Wenn Menschen ihre Liebe und ihre Freundschaft zeigen.

Wir wünschen uns solche Freundinnen und Freunde.
Wir wünschen uns, dass wir anderen
solche Freundinnen und Freunde sein können.
Im Vertrauen darauf, dass du immer bei uns bist,
gleichgültig, was passiert.

2. April 2006 — **JUDIKA**

Matthäus 26, 47–56 – Gefangennahme – Wer zeigt am meisten Mut?

Schlussgebet
Stichwort: Verrat und Verteidigung

Gott des Lebens,
es tut in der Seele weh, von jemandem,
dem wir vertraut haben, verraten zu werden!
Und es tut in der Seele gut,
von einem Freund, verteidigt zu werden,
selbst wenn dieser sich dafür in größte Gefahr begibt.

Unter Jesu Freunden gab es beides:
Verräter und Verteidiger.
Aber Jesus wusste: Alle Menschen,
die ihn jetzt noch laut verteidigten,
kamen damit selbst in größte Todesgefahr.

So fühlte er sich bestimmt sehr allein,
als alle geflohen sind.
Aber er war sicherlich auch froh darum,
die anderen in Sicherheit zu wissen.

Seine Freundinnen und Freunde fühlten sich
bestimmt ziemlich mies,
weil sie Jesus so im Stich lassen mussten,
aber sie wussten,
dass sie Jesus nur noch damit helfen konnten,
dass sie selbst in Sicherheit waren.

Gott, wir hoffen,
dass wir in solch schrecklichen Situationen
die richtigen Entscheidungen treffen können,
und dass du bei uns bist,
auch wenn wir uns von allen Menschen verlassen fühlen.
Schenke uns deinen Geist, der uns leitet und begleitet.

9. April 2006 — **PALMARUM**

Matthäus 27, 1.2.11–26 (Schwerpunkt)
Vor Pilatus – Wer setzt sich durch?

Schlussgebet
Stichwort: Macht ist nicht immer ein Zeichen von Stärke.

Gott des Lebens,
es ist für uns schwer zu verstehen,
dass sich Jesus vor Pilatus nicht besser verteidigt hat.
Wie ein Schwächling ist er doch dagestanden.

Es ist für uns beängstigend,
wenn mächtige Menschen wie Pilatus denen nachgeben,
die am lautesten schreien.
Manchmal hat es den Anschein,
als ob immer nur die Stärksten gewinnen würden.

Das ist so unfair und ungerecht.
Und es passiert immer wieder, auch heute noch.
Aber auch heute noch geschieht
immer wieder einmal ein Wunder,
so dass am Ende dann doch nicht die Mächtigen gewinnen.

Und die, die zuerst wie Schwächlinge
und Verlierer dastanden, werden zu denen,
auf die später gehört wird.
Sie sind diejenigen,
an deren Mut und Kraft wir uns noch lange erinnern.
Die uns zu Vorbildern werden, so wie Jesus.
Danke für solche Menschen.

14. April 2006 **KARFREITAG**

Matthäus 27, 31-54 – Jesu Kreuzigung und Tod
Wer hat das letzte Wort?

Schlussgebet
Stichwort: Verlassensein und Aufgehobensein

Gott des Lebens,
wie kannst du so etwas geschehen lassen?
Selbst Jesus hat dich nicht mehr gespürt.
Er hat nach dir geschrieen
und fühlte sich von dir allein gelassen.

Er hat sich vor Schmerzen gewunden,
hat keine Luft mehr bekommen,
musste Todesängste durchstehen.

Selbst Jesus hat es nicht mehr ausgehalten,
so verspottet zu werden, so allein zu sein.
Und doch konnte er am Schluss
den Tod akzeptieren im Vertrauen darauf,
dass er bei dir, Gott, gut aufgehoben ist.

Wenn wir uns verlassen fühlen,
wenn schreckliche Angst uns bedroht,
wenn wir uns gar dem Tode nahe fühlen,
dann dürfen wir daran denken,
dass Jesus das auch durchgemacht hat,
dass er uns beisteht,
weil er für uns durch den Tod gegangen ist.

Danke, dass du uns so lieb hast,
dass dein Sohn mit uns durch dick und dünn geht.
Damals wie heute.

Nach oder auch vor und nach diesem Gebet passt sehr gut das Lied: »Wo sind die Toten« (s. rechte Seite)

Wo sind die Toten

Text u. Melodie: Kurt Rommel
© Strube Verlag, München-Berlin

2. Wo sind die Toten? Wo sind die Toten?
In Grab und Dunkel gelegt,
wo sich kein Leben mehr regt,
dort sind die Toten.

3. Wo sind die Toten? Wo sind die Toten?
Weil Jesus vom Tod auferstand,
sind sie in Gottes Hand.
Dort sind die Toten.

Birgit Müller

Christus bleibt den Menschen gegenwärtig
Ostern nach Matthäus

FÜR DIE GANZE REIHE

Psalmgebet

Manchmal habe ich Angst.
Dann brauche ich einen, der sagt:

Fürchte dich nicht, ich bin bei dir.

Manchmal bin ich mutlos.
Dann brauche ich einen, der sagt:

Fürchte dich nicht, ich bin bei dir.

Manchmal traue ich mir nichts zu.
Dann brauche ich einen, der sagt:

Fürchte dich nicht, ich bin bei dir.

Gott, du stehst mir bei.
Dein Sohn Jesus ist mir immer nah.
Dein heiliger Geist macht mir Mut und sagt:

Fürchte dich nicht, ich bin bei dir.

Bausteine für die ganze Reihe:

- Kanon zu 2 Stimmen: »Siehe ich bin bei euch alle Tage« (EG 419 unten)
- 1. Sonntag: Ostergärtchen gestalten: Jedes Kind bekommt eine Schale mit dunkler Blumenerde als Zeichen für den Tod Jesu. Mit Moos, Blüten und grünen Blättern werden in den Schalen bunte Ostergärtchen gestaltet, die mit nach Hause genommen werden können.
- 2. Sonntag: Sorgensteine beschriften und Gebetskärtchen schreiben (Beschreibung: s. Seite 36)

Segen

Gott sei bei dir auf all deinen Wegen.
Er mache dein Herz froh und unverzagt.
Er halte seine Hand schützend über dich.
Er segne und behüte dich.

16. / 17. April 2006   **OSTERN**

Matthäus 28,1-10 – »Fürchtet euch nicht!«
Der Auferstandene erscheint den Frauen.

Schlussgebet
Stichwort: Gott steht uns bei.

Vorbereitung
Wir breiten ein dunkles Tuch aus. In einem Korb liegen Steine. Glasschälchen sind mit je einem Teelicht versehen. Streichhölzer werden bereitgelegt. Die Sprechertexte vorher kopieren und verteilen.

1. Sprecher: *(Einen Stein aus dem Korb nehmen.)*
Alles, was uns bedrückt, bringen wir vor Gott.
Als Zeichen dafür lege ich den Stein auf das Tuch.
(Stein auf das Tuch legen.)

2. Sprecher: *(Das Glasschälchen mit dem Teelicht in die Hand nehmen.)*
Gott, nimm von uns, was uns bedrückt!
Wo Dunkelheit herrscht, leuchte uns dein Licht!
(Glasschälchen mit Teelicht zum Stein auf das Tuch stellen und Teelicht anzünden.)

3. Sprecher: *(Einen Stein aus dem Korb nehmen.)*
Damals, als Jesus gestorben war,
waren viele Menschen traurig.
Sie hatten auf Jesus gehofft.
Aber nun machte sein Tod ihnen das Herz schwer.
(Stein auf das Tuch legen.)

4. Sprecher: *(Das Glasschälchen mit dem Teelicht in die Hand nehmen.)*
Auch heute sind Menschen traurig,
weil sie um einen Angehörigen trauern.
Gott, wir bitten dich: Tröste die Trauernden!
Gib ihnen neuen Mut!
Gib ihnen Hoffnung durch Jesu Auferstehung!
(Glasschälchen mit Teelicht zum Stein auf das Tuch stellen und Teelicht anzünden.)

5. Sprecher: *(Einen Stein aus dem Korb nehmen.)*
Viele Menschen haben Angst,
wenn sie an die Zukunft denken.
Sie haben Angst um ihren Arbeitsplatz.
Sie machen sich Sorgen um ihre Gesundheit.
(Stein auf das Tuch legen.)

6. Sprecher: *(Das Glasschälchen mit dem Teelicht in die Hand nehmen.)*
Gott, wir bitten dich: Lass uns nie vergessen,
dass du uns beistehst!
(Glasschälchen mit Teelicht zum Stein auf das Tuch stellen und Teelicht anzünden.)

Möglichkeit der Fortführung:
Die Teilnehmer/innen werden aufgefordert, in entsprechender Weise selbst einen Stein oder ein Glasschälchen zu nehmen. Das kann stumm oder in Verbindung mit einem freien Gebet geschehen.
Alternativ: In einer vorangehenden Gruppenphase werden Steine mit Stichworten zu Sorgen von Menschen beschriftet (Folienstifte). Wir können mit unseren Sorgen, aber auch mit unseren Bitten, sowie mit Lob und Dank zu Gott kommen. Wir schreiben Bitten (Lob, Dank) auf Karten (DIN A 6). Beim Schlussgebet werden die Karten vorgelesen und zu den Glasschälchen mit den Teelichtern auf das Tuch gelegt.

23. April 2006 — QUASIMODOGENITI

Matthäus 28,16-20 – »Ich bin bei euch alle Tage«
Der Auferstandene erscheint den Jüngern.

Schlussgebet
Stichwort: Jesus macht den Seinen Mut.

Vorbereitung
Wir breiten ein dunkles Tuch aus. In einem Korb liegen Steine. Glasschälchen sind mit je einem Teelicht versehen. Streichhölzer werden bereitgelegt. Die Sprechertexte vorher kopieren und verteilen.

1. Sprecher: *(Einen Stein aus dem Korb nehmen.)*
Wenn ein Freund weggeht,
mit dem ich oft zusammen war,
dann fühle ich mich einsam.
(Stein auf das Tuch legen.)

2. Sprecher: *(Das Glasschälchen mit dem Teelicht in die Hand nehmen.)*
Auch die Freunde Jesu fühlten sich einsam,
als Jesus zu seinem Vater in den Himmel zurückkehrte.
Aber Jesus machte ihnen Mut.
Er sagte ihnen: Fürchtet euch nicht.
Ich bin bei euch alle Tage, auch wenn ihr mich nicht seht.

Gott, mache uns Mut, dir immer zu vertrauen!
(Glasschälchen mit Teelicht zum Stein auf das Tuch stellen und Teelicht anzünden.)

3. Sprecher: *(Einen Stein aus dem Korb nehmen.)*
Manchmal habe ich Angst.
Wenn niemand bei mir ist und ich ganz alleine bin,
dann fürchte ich mich.
(Stein auf das Tuch legen.)

4. Sprecher: *(Das Glasschälchen mit dem Teelicht in die Hand nehmen.)*
Auch die Freunde Jesu hatten Angst.
Jesus war nicht mehr bei ihnen.
Wie konnten sie ohne ihn zurechtkommen?
Jesus sagte ihnen beim Abschied: Fürchtet euch nicht.
Ich bin bei euch alle Tage, auch wenn ihr mich nicht seht.

Gott, mache uns Mut, dir immer zu vertrauen!
(Glasschälchen mit Teelicht zum Stein auf das Tuch stellen und Teelicht anzünden.)

5. Sprecher: *(Einen Stein aus dem Korb nehmen.)*
Manchmal bin ich feige.
Ich weiß genau, was ich tun müsste, um zu helfen.
Aber ich traue mich nicht.
(Stein auf das Tuch legen.)

6. Sprecher: *(Das Glasschälchen mit dem Teelicht in die Hand nehmen.)*
Die Jünger Jesu trauten sich zuerst nicht,
den Menschen von Jesus zu erzählen.
Aber Jesus machte ihnen Mut.
Er sagte ihnen: Fürchtet euch nicht,
ich bin bei euch alle Tage, auch wenn ihr mich nicht seht.

Gott, mache uns Mut, dir immer zu vertrauen!
(Glasschälchen mit Teelicht zum Stein auf das Tuch stellen und Teelicht anzünden.)

Dieter Witt

Gott und die Welt ins Gebet nehmen

FÜR DIE GANZE REIHE

Das Thema Gebet ist immer Bestandteil der Kindergottesdienstliturgie. Und deshalb werden bei dieser Reihe die liturgischen Elemente besonders zur Entfaltung des Themas wichtig sein. Der Begriff »Gott und die Welt« wird als Redewendung in unserer Alltagssprache verwendet und bedeutet soviel wie »alles«, denn nichts wird ausgeschlossen. Und damit trifft es das, was uns mit dem Gebet aufgetragen ist bzw. was uns mit dem Gebet angeboten wird, ins Schwarze. Wir dürfen Gott alles sagen. Doch das Gebet ist etwas, was wir im Kindergottesdienst auch immer wieder einüben müssen. Und wir sollten die Kinder dabei mit einbeziehen.

Psalmgebet

Bit - tet, so wird euch ge - ge - ben,
su - chet, so wer - det ihr fin - den,
klo - pf - et an, so wird euch auf - ge - tan.
Das ver - spricht uns un - ser Herr.

Text: Lukas 11,9; Melodie: Wolfgang Müller, Rechte beim Autor

Du, Gott, hast immer ein offenes Ohr für uns.
Wir können dir alles sagen,
auch das, was uns bedrückt.
Vor dir dürfen wir beklagen,
was uns zu schaffen macht,
wenn wir krank sind,
wenn etwas Schlimmes passiert ist,
und wir den Sinn nicht erkennen.
Du willst uns Mut machen.
Und deshalb singen wir:

Bittet, so wird euch gegeben ...

>Es gibt so viel Schönes in unserer Welt.
>Danke, Gott, für deine Geschöpfe.
>Danke für den Regen und die Sonne,
>für die Kälte und die Wärme.
>Wir preisen dich, Gott.
>Ja, es ist gut, dir zu singen.
>Wir freuen uns, wenn wir dich loben.
>Halleluja. Und deshalb singen wir:

Bittet, so wird euch gegeben ...

>Herr Jesus, du hast uns ein Gebet geschenkt,
>das auf der ganzen Welt gesprochen wird.
>Es lehrt uns, dass dein Vater auch unser Vater ist.
>Es zeigt uns, was wirklich wichtig ist im Leben.
>Das Vaterunser ist wie ein Schatz für uns.
>Wir wollen es ehren und nie vergessen.
>Du hilfst uns beim Beten. Deshalb singen wir:

Bittet, so wird euch gegeben ...

>Wenn wir beten glauben wir fest daran,
>dass wir es nicht vergeblich tun.
>Wir vertrauen darauf,
>dass du alle unsere Gebete hörst.
>Du hast uns versprochen:
>Wer bittet, der empfängt,
>wer sucht, der findet,
>wer anklopft, dem wird aufgetan.

Als Antwort auf den Psalm singen wir: »Ehr sei dem Vater« (EG 177.1; LJ 707)

Eingangsgebet

Es wäre schön und wichtig, wenn wir den Gebeten der Kinder Raum geben könnten. Ich mache seit Jahren gute Erfahrungen mit dem Stillen Gebet im Kindergottesdienst. Es wird vom Liturg angesagt, indem die Kinder eingeladen werden, an all das zu denken, was in den vergangenen Tagen passiert ist, um Gott zu danken für das Schöne und um ihm auch die Sorgen zu nennen. Ein Kind schlägt eine Klangschale (oder auch eine Triangel oder eine Zimbel) an. Beim Ausklingen des Instrumentes werden die Kinder still und beten selbst für sich. Die Stille wird abgeschlossen mit dem Eingangsgebet, das auch eines der älteren Kinder lesen kann.

In der Stille haben wir zu dir, Gott, gebetet.
Alles, was uns Sorgen bereitet
und auch das, was uns freut,
dürfen wir dir sagen. Das tut so gut.
Wir fühlen uns dir nahe und vertrauen uns dir an.
Öffne du unsere Herzen, wenn wir jetzt weiter
singen, beten und auf Geschichten hören.

Segensgebet (mit Gebärden)

Ich möchte hier das aaronitische Segensgebet (4. Mose 6,24-26) mit Gebärden vorstellen, wie es sich in unserer Kinderkirche herausgebildet hat. Der Segen ist ja auch eine ganz eigene Art des Gebets, das im Zusammenhang der Reihe neu entdeckt werden kann. Wir stellen uns mit den Kindern im Kreis auf, so dass links und rechts für jeden genügend Platz bleibt.

Der Herr segne uns
> *Die Unterarme waagerecht nach vorne halten,*
> *mit offenen Händen nach oben gerichtet (empfangen).*

und behüte uns
> *Die Arme beschreiben links und rechts eine Kreisbewegung*
> *von unten nach oben und bilden dann ein Dach über dem Kopf.*

der Herr lasse sein Angesicht leuchten über uns
> *Die Arme öffnen das Dach nach oben*
> *und beschreiben einen ausladenden Kreis links und rechts.*

und sei uns gnädig
> *Die Arme und Hände landen überkreuzt an der Brust.*

der Herr erhebe sein Angesicht auf uns
> *Die letzte Haltung wird nach vorne und oben geöffnet*
> *und die Arme beschreiben links und rechts einen großen Kreis.*

und schenke uns seinen Frieden
Amen.
> *Die Hände finden am Ende der Kreisbewegung*
> *links und rechts die Hände des Nachbarn.*

Jesaja 38 – Klagen – Das eigene Leben vor Gott bringen.

Schlussgebet
Stichwort: Was uns bedrückt, wütend macht und ängstigt.

Die Anliegen in den Fürbitten für Kinder, um die sich die Kinder Sorgen machen, oder bekannte Erwachsene (Mitarbeiterinnen, Gemeindemitglieder...) könnten im Vorfeld des Gebetes gesammelt werden und der Liturg baut die Namen und die Nöte in das Gebet ein.
Wem das zu schwierig erscheint, kann diesen Anliegen in der Stille Raum geben.

Du, Gott, weißt, wie es uns geht.
Es gibt Tage, die sind sehr dunkel.
Wir verstehen manchmal nicht,
warum Menschen so schwer leiden müssen.
Es gibt wirklich schlimme Krankheiten.
Auch wir kennen kranke Menschen
oder wir leiden selbst darunter.

(Hier die Fürbitten frei sprechen oder:)
In der Stille sagen wir dir ihre Namen und das,
was ihre Not ist ...

Danke, Gott, dass wir dir alles anvertrauen können.
Du weist unsere Klagen und Bitten nicht ab.

7. Mai 2006 — JUBILATE

Psalm 147 – Loben und Danken – vor Freude jubeln

Schlussgebet
Stichwort: Was uns freut und was uns zum Jubeln bringt.

Ähnlich wie bei der Klage sammeln wir vor dem Gebet mit den Kindern Erlebnisse und Gründe für unsere Freude. Diese bauen wir in das Gebet ein.

Halleluja. Lobet den Herrn!
Guter Gott, es gibt so viel Schönes in unserem Leben.
Wir wissen von Erlebnissen, die uns erfreuen:
(Hier die Kinder sprechen lassen oder als Liturg das nennen, was vorher gesammelt wurde.)

Meistens können wir aufstehen,
ohne krank zu sein,
das macht uns froh.
Wir haben Freunde, mit denen wir uns treffen können,
das macht uns froh.
Wir haben Eltern, die uns lieb haben,
das macht uns froh.
Wir dürfen hier im Kindergottesdienst
mehr von dir, Gott, erfahren,
das macht uns froh.
Für alles, was unser Leben bereichert und was uns freut,
sagen wir dir herzlichen Dank.

14. Mai 2006 — KANTATE

Matthäus 6,5-13 – Verantwortlich beten –
Wie im Himmel so auf Erden

Schlussgebet
Stichwort: Das Vaterunser – ein wertvoller Schatz

Wer im Verlauf des Schlussgebets das Vaterunser mit Gebärden sprechen will, kann sich im Plan für den Kindergottesdienst 2004-2006 auf Seite 241 Anregungen holen.

Danke, Gott, dass wir dich Vater nennen dürfen.
So nahe bist du uns wie ein Vater
und wie eine Mutter einem Kind.
Deshalb kennst du uns gut.
Dir müssen wir nichts vormachen.
Es macht keinen Sinn, Gebete zu sprechen,
wenn sie uns nicht von Herzen kommen.
Davor willst du uns bewahren.
Deshalb hast du uns das Vaterunser geschenkt.
Mit diesem Gebet lernen wir,
was wirklich wichtig ist,
für uns und andere Menschen.
Mit dem Vaterunser geben wir dir, Gott, die Ehre.
Und so sprechen wir es so, wie du es uns gelehrt hast:
Vater unser im Himmel ...

21. Mai 2006 — ROGATE

Lukas 11,5-8 – Gehört werden – Beten ist nicht vergeblich.

Schlussgebet
Stichwort: Gott erhört unsere Gebete.

Mit dir, Gott, können wir jederzeit sprechen.
Dich lenkt nichts von uns ab.
Du bist ganz für uns da,
so als wären gerade nur wir dir wichtig.
Das ist wirklich wunderbar, dass du uns alle anhörst.
Das kannst nur du, Gott.
Und darüber staunen wir.
So bist du für uns mehr als ein guter Freund.
Wir wollen unseren Teil dazu beitragen,
dass unsere Freundschaft zu dir nicht aufhört.
Danke, dass du uns Mut machst,
immer und immer wieder mit dir zu sprechen,
dass wir dich bitten, dass wir dich suchen,
dass wir bei dir anklopfen dürfen.
Und so erleben wir,
dass du uns gibst, was wir brauchen,
dass du dich finden lässt
und dass du uns jederzeit die Tür öffnest.

Wolfgang Müller

Echt himmlisch ...
Gleichnisse vom Himmelreich nach Matthäus 13

FÜR DIE GANZE REIHE

Psalmgebet

Dein Reich beginnt unter uns,
wo wir einander zuhören,
ehrlich zueinander sind,
einander vertrauen.

Dein Reich beginnt, wenn du in unserer Mitte bist.

Dein Reich beginnt unter uns,
wo wir offen zueinander sind,
uns gegenseitig helfen
und die trösten, die traurig sind.

Dein Reich beginnt, wenn du in unserer Mitte bist.

Dein Reich beginnt unter uns,
wo wir die einladen, die am Rande stehen,
mit denen spielen, die keiner mag,
mit denen teilen, die weniger haben.

Dein Reich beginnt, wenn du in unserer Mitte bist.

Dein Reich beginnt unter uns,
wo wir uns nicht schämen,
anderen zu helfen,
niemanden auslachen
und füreinander einstehen.

Dein Reich beginnt, wenn du in unserer Mitte bist.

Kornmeditation

In der Mitte liegt ein braunes Tuch. Darauf ist eine Kerze gestellt. Daneben steht eine Schale, in der Weizenkörner liegen. Sie ist mit einem zweiten braunen Tuch zunächst noch abgedeckt.

Wir laden nun die Kinder ein, vorsichtig und ohne zu reden unter das Tuch zu greifen und zu fühlen. Sie behalten ihre Entdeckung für sich. In einem zweiten Schritt sollen die Kinder ihre Augen schließen und ihre Hände zu einer Schale formen. Nun wird eines der Körner in die Hände der Kinder gelegt. Die Kinder können ihre Augen öffnen und lassen nun das Korn sprechen:

Ich bin klein,
ich bin hart, ...

Die Kinder dürfen ihr Korn auf dem Tuch in der Mitte ablegen.

Im anschließenden Gespräch wird mit den Kindern erarbeitet, was ein Weizenkorn zum Wachsen braucht:

– Erde *(Dafür steht das braune Tuch, auf dem die Körner nun liegen.)*

– Wasser *(Blaue Tücher werden im Kreis um das braune Tuch gelegt.)*

– Licht / Sonne *(Gelbe Tücher werden als Sonnenstrahlen gelegt.)*

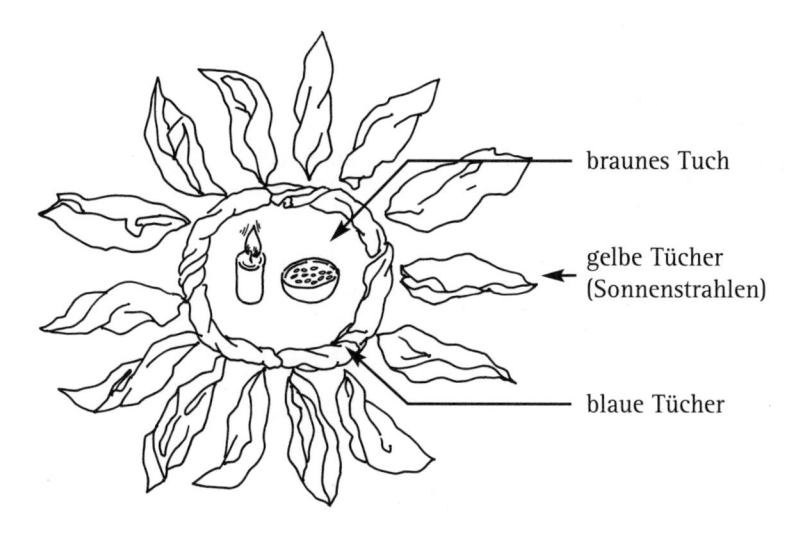

braunes Tuch

gelbe Tücher (Sonnenstrahlen)

blaue Tücher

Im Anschluss daran dürfen die Kinder die Körner »wachsen« lassen mit Legematerial (Perlen, Glassteine u.a.).

Hinweis: Tücher und Legematerial sind erhältlich beim Verlag Junge Gemeinde, Postfach 10 03 55, 707474 Leinfelden-Echterdingen. Fordern Sie einen Prospekt des Materials an.

Kanon zur Reihe: »Viele kleine Leute« (EG 662/LJ 620)

Segen

Guter Gott,
segne unsere Hände, damit sie anderen helfen.
Segne unsere Ohren, damit sie dein Wort hören.
Segne unseren Mund, damit er von dir erzählt.
Segne unsere Augen, damit sie die Not anderer sehen.
Segne unser Herz, damit es bereit ist,
dich in uns wohnen zu lassen.
So gesegnet von dir,
kann dein Himmelreich in uns anbrechen.

25./28. Mai 2006 — CHRISTI HIMMELFAHRT/EXAUDI

Matthäus 13,1-9 – Das Gleichnis vom Sämann

Schlussgebet

Stichwort: Gottes Reich beginnt mit kleinen Schritten.

Herr Jesus Christus,
viele Menschen sind dir gefolgt, um dich zu hören.
Du hast ihnen das Gleichnis vom Sämann erzählt.
Aus einem kleinen Korn kann große Frucht wachsen.
Lass uns daran glauben,
dass unsere kleinen Schritte im Miteinander helfen,
dein Reich unter uns anbrechen zu lassen.

Matthäus 13,33 – Das Gleichnis vom Sauerteig (Schwerpunkt)

In der Mitte liegt ein blaues Tuch. Es ist ein Zeichen für den Himmel, der sich uns auftut, wenn wir uns für das Reich Gottes öffnen. Die Kinder legen auf das blaue Tuch nachher ihre weißen Wolken (siehe Vorlage unten).

Schlussgebet
Stichwort: Wie Sauerteig sein.

Herr Jesus Christus,
du vergleichst dein Himmelreich mit einem Sauerteig.
Ohne ihn schmeckt Brot nicht.
So ist es auch unter uns Menschen.
Wenn wir nicht anfangen,
dich als Mitte in unserem Leben zu sehen,
wenn wir nicht anfangen,
von dir zu lernen, wie wir handeln sollen,
dann gibt es unter uns Menschen keine Gemeinschaft,
kein Miteinander, keine Freundschaft …
(Kinder sollen ergänzen, was sonst noch fehlt.)

So aber können wir für die Menschen anfangen,
wie Sauerteig zu sein,
wenn wir helfen, teilen, zuhören, trösten …
(Kinder ergänzen und schreiben auf »weiße Wolken«, siehe Vorlage unten.)

Danke, Jesus, dass du uns zeigst, was wir tun können.

11. Juni 2006   TRINITATIS

Matthäus 13,45-46 – Das Gleichnis von der kostbaren Perle

Schlussgebet
Stichwort: Die kostbare Freundschaft mit Jesus

Herr Jesus Christus,
dein Himmelreich suchen wir, wie der Kaufmann immer
auf der Suche nach der schönsten Perle war.
Als er sie gefunden hatte,
wurde ihm alles andere unwichtig.
Wir wollen dein Himmelreich suchen,
das immer da beginnen kann, wo wir bereit sind,
deine Freundschaft anzunehmen,
wo wir nach deinem Gebot der Liebe leben.
Das macht unser Leben reich und wertvoll.
Dann brauchen wir keine anderen Schätze und Reichtümer.
Du bist unser größter Reichtum – du bist unser Freund.
Dafür danken wir dir.

Regina Hitzelberger

Rut
In der Fremde Heimat finden

FÜR DIE GANZE REIHE

Psalmgebete

- Für die ganze Reihe: Psalm 23 (LJ 660)
- Für die einzelnen Sonntage:
  18. Juni: Psalm 23 (LJ 660)
  25. Juni: Psalm 36 (EG; LJ 663)
  2. Juli: Psalm 84 (EG; LJ 667)

Schlusssegen
Es empfiehlt sich bei dieser Einheit, den aaronitischen Segen nach 4. Mose 6, 24-26 zu sprechen (vgl. dazu auch das Segensgebet mit Gebärden S. 40).

18. Juni 2006 — 1. SONNTAG NACH TRINITATIS

Rut 1 – Rut zieht mit Noomi nach Bethlehem.

Zum Leitstichwort »Wegbegleitung« werden auf den Altar bzw. in die Mitte des Kindergottesdienstes Schuhe ganz unterschiedlicher Größe (erste Kinderschuhe – Mitarbeiterschuhe) gestellt.

Eingangsgebet

Danke, guter Gott,
dass wir jetzt in diesem Kindergottesdienst sein dürfen.
Du bist bei uns. Du hast uns lieb.
Du verstehst uns mit deinem Herzen.
Du weißt, was uns traurig macht,
was uns leid tut, was uns Angst macht.
Sag uns bitte dein Wort,
das uns weiterhilft,
das uns tröstet und uns Mut gibt.

Fürbitten
Stichwort: Wegbegleitung

Wo es möglich ist, kann im Raum oder im Freien eine Prozession mit den Kindern gemacht werden. Die Gebetseinheiten werden dann jeweils an einem neuen Ort gesprochen, zu dem man zuvor – möglichst ruhig – gegangen ist. Zum Abschluss wird gemeinsam das Vaterunser gebetet.

Danke, guter Gott,
dass du uns nahe bist und mit uns gehst.
Deine Liebe umgibt uns,
deine Treue trägt uns.
Deine Hand hält uns.

Alle: Weise mir, Herr, deinen Weg.

Danke, guter Gott,
dass Menschen da sind,
die mit uns gehen und zu uns halten,
die uns verstehen und lieb haben.
Lass uns so füreinander da sein.

Alle: Weise mir, Herr, deinen Weg.

Wir denken an die Menschen,
die allein und einsam sind.
Wir denken an die Kranken und Traurigen.
Wir denken an die Menschen, die kein Zuhause haben.
Wir bitten dich, hilf ihnen,
tröste sie und lass sie deine Nähe spüren.

Alle: Weise mir, Herr, deinen Weg.

Wir denken an die Menschen,
die nicht wissen, wohin der Weg ihres Lebens führt,
die keine Schule besuchen können,
keine Ausbildung bekommen
oder keine Arbeit haben.

Wir denken an Menschen,
denen alles sinnlos erscheint.
Dir sind auch diese Menschen ganz wichtig.
Für alle ist Jesus Christus der Weg,
die Wahrheit und das Leben.
Führe uns und alle Welt mit Jesus Christus
in dein ewiges Vaterhaus.

Alle: Weise mir, Herr, deinen Weg.

25. Juni 2006   2. SONNTAG NACH TRINITATIS

Rut 2, 1-17 – Rut liest Ähren auf dem Feld des Boas.

Zum Leitstichwort »Teilen« wird der Altar bzw. die Mitte des Kindergottesdienstes mit einem Ährenstrauß (kleine Garbe) geschmückt.

Eingangsgebet

Danke, guter Gott,
dass ich jetzt in diesem Kindergottesdienst sein darf.
Du bist bei mir. Du hast mich lieb.
Danke, dass ich nicht alleine hier bin.
Andere, kleine und große Leute, sind auch da.
Und überall auf der Welt kommen Menschen zusammen,
um Gottesdienst zu feiern. Wir denken an sie.
Und wir denken auch an die,
die heute nicht hier sein können,
vielleicht weil sie krank oder verreist sind.
Segne und behüte uns alle.

Fürbitten und Schlussgebet
Stichwort: Teilen

Im Kreis der Mitarbeiterinnen und Mitarbeiter werden – etwa aus Tonpapier – relativ große Halme mit Ähren ausgeschnitten. Steht viel Zeit zur Verfügung, kann dies auch im Kindergottesdienst selbst geschehen. Kinder schreiben oder malen (in Gruppen) Gebete auf die Ähren. Diese Gebete werden nach und nach gemeinsam gelesen oder angeschaut. Nach jedem Gebet bzw. Gebetsbild wird ein »Kyrie« (z.B. EG 178.11; LJ 121) gesungen. Währenddessen wird der Halm in die Mitte oder auf den Altar gelegt. Halm für Halm entsteht eine Gebetsgarbe. Zum Abschluss wird gemeinsam das »Vater unser« gebetet.

Guter Gott,
danke für diesen Gottesdienst.
Danke, dass du deine Liebe mit uns teilst.
Wir bitten dich für alle Menschen,
die traurig und in Not sind.
Heile die Kranken und schenke den Mutlosen Mut.
Öffne unsere Herzen und stärke unsere Hände,
dass wir teilen, wo es möglich ist.
Segne alle, die helfen wollen.
Gib uns und aller Welt deinen Frieden.
Beschütze uns gleich auf dem Heimweg
und lass uns bald wieder gesund zusammen kommen.

2. Juli 2006 — 3. SONNTAG NACH TRINITATIS

Rut 3+4 – Rut wird die Frau des Boas (Schwerpunkt).

Zum Leitstichwort »Heimat« wird auf dem Altar bzw. in der Mitte des Kindergottesdienstes ein (Terracotta-)Haus mit einem brennenden Teelicht aufgestellt.

Eingangsgebet

Herr Jesus Christus,
du rufst die Kinder zu dir,
nimmst sie in deine Arme und segnest sie.
Danke, dass du bei uns bist.
Deine Liebe darf ich spüren.
Hilf, dass ich mit meinen Gedanken
und mit meinem Herzen bei dir bin.

Fürbitten und Schlussgebet
Stichwort: Heimat

Im Mitarbeiterkreis wurde auf ein großes Stück Karton ein freundlich einladendes, bergendes Haus gemalt. Dieses Bild liegt in der Mitte des Kindergottesdienstes. (Es könnte das Terracottahaus ersetzen.) Für das Gebet wird der Karton entsprechend der Anzahl der Kinder bzw. der Gruppen von Kindern in Stücke zerschnitten. Auf die nicht bemalte Rückseite der einzelnen Stücke schreiben oder malen Kinder ihre Bitten. Diese Gebete werden nach und nach gelesen oder angeschaut. Nach jedem Gebet bzw. Gebetsbild wird ein »Kyrie« (z.B. EG 178.11; LJ 121) gesungen. Währenddessen werden die Haus-Puzzlestücke jeweils so in die Mitte gelegt, dass das Haus sichtbar wird und neu als Gebetshaus zusammengefügt entsteht. Zum Abschluss wird gemeinsam das »Vater unser« gebetet.

Guter Gott,
danke für diesen Gottesdienst.
Danke, dass wir in deiner Liebe geborgen sind.
Du bist wie ein festes, gutes und warmes Haus.
Alle Menschen lädst du ein, bei dir zu wohnen.
Wir danken dir, dass wir ein Zuhause haben
und Menschen, die uns lieb haben.
Aber nicht alle haben ein Zuhause.
Viele sind einsam und traurig.
Wir denken an sie und bitten dich,
lass sie deine Liebe spüren.
Segne und behüte sie und uns.

Alfred Mengel

Gib uns Ohren, die hören, und Augen, die sehn –
Sinnvolle Gaben Gottes

9. Juli 2006 — **4. SONNTAG NACH TRINITATIS**

1. Könige 19,9-13a – Ohren, die Gott hören.
Elia am Berg

Austausch über Hörerfahrungen

a) Sammeln, was wir alles hören:
Stimmen von Menschen und Tieren, Musik, Fahrzeuge, Sirenen ...
Wie hören wir die »Stimmen« der Natur?
Den Wind, wenn er pfeift, die Regentropfen, wenn sie auf die Straße klatschen, den Sturm, wenn er wütet, den Donner, wenn ein Gewitter tobt, den Schnee, wenn er leise fällt, eine Quelle, die rauscht, das Meer, das braust, das Feuer, das knistert.

b) Geräusche raten:
Jedes Kind macht etwas vor. (Sturm, Autosirene, Regentropfen ...) Die anderen Kinder haben die Augen geschlossen und raten.

c) Gesprächsimpulse:
Was höre ich gern?
Welche Stimme ist mir vertraut?
Wie redet Gott mit Menschen?
Kann ich auch Gottes Stimme hören?

Einen »Ohrwurm« singen

Schweige und höre (Kanon)

[Noten: Kanon in A-Dur, Akkorde A D E A, A D E A, A D E A]

Schwei - ge und hö - re, nei - ge dei - nes
Her - zens Ohr, su - che den Frie - den.

Text: Pater Michael Hermes (nach der Regel des hl. Benedikt)
Rechteinhaber: Benediktiner Abtei Königsmünster, Meschede
Melodie: aus England

Dankgebet

Guter Gott,
du hast uns zwei Ohren gegeben. Das ist stark.
Wir sollen hören, hinhören, zuhören,
manchmal auch aufhören.
Wir sollen uns freuen an schönen Tönen.
Wir können Lautes und Stilles vernehmen.

Guter Gott,
oft tun uns aber die Ohren weh,
wenn die Lehrerin schimpft, die Mutter nörgelt,
die Schwester kreischt, der Bruder brüllt.
Töne können verletzen, Stimmen wehtun.
Lautstärke kann bedrohen.

Guter Gott,
du hast uns zwei Ohren gegeben. Das ist stark.
Gib uns Geduld, anderen zuzuhören,
auch wenn es uns nervt.

Gib uns ein Ohr, das die feinen Töne vernimmt,
wenn unsere innere Stimme etwas sagt,
wenn du mit uns redest.
Gib uns ein Ohr, das wachsam hört,
wenn andere um Hilfe schreien,
wenn Klassenkameraden uns brauchen.

Gib uns ein Ohr für die freudigen und schönen Töne,
für gute Worte und heitere Musik.
Danke für zwei Ohren. Das ist stark.

16. Juli 2006 **5. SONNTAG NACH TRINITATIS**

Markus 8,22-26 – Augen, die den Nächsten erkennen.
Heilung des Blinden

Lückentext zur Einführung
Ein blinder Mensch sieht anders

Seit vielen Jahren bin ich ... Früher habe ich die Welt gesehen: die Farben der Früchte, die grelle Sonne, das satte Grün der Wiesen. Heute sehe ich die Welt auch, obwohl ich sie nicht mehr mit den Augen ... »Schau mal, wie diese Rose ...«, sagt mein Sohn, »sie ist ... und so rot wie Erdbeeren.« Und dann sehe ich die Rose auch, ganz genau. Die Farbe muss ich allerdings dazu denken.
»Hörst du die Meisen ... und das ... der Wildtauben, die über uns hinwegfliegen?«, fragt meine Frau, wenn wir im Garten sitzen. Das kann ich gut hören und mir vorstellen. »Wie schauen Sie fern«, werde ich öfters gefragt. Das ist eine spannende Frage, denn ... kann ich eigentlich nicht. Ich ... fern, das heißt, ich habe mehr von einem Dokumentarfilm. Bei den Filmen mit viel Musik muss ich mir das Geschehen immer selbst ausdenken. Zum Glück gibt es Sendungen, die gute Sprecher haben. Denn als nicht Sehender brauche ich die Augen von Menschen, die nicht nur genau hinsehen, sondern auch präzise beschreiben können. Noch etwas: Ich sage beim Abschied auch »Auf ...« und nicht »Auf ...« oder »Auf ...«, denn sehen ist mehr als die Augen wahrnehmen können.

(Lösungsworte: sehe, blüht, ganz samtig, höre, Wiedersehen, zwitschern, Wiederhören, blind, fernsehen, Flügelrauschen, Wiederriechen)

Impuls: Die Welt mit den Händen sehen

Vorbereitung:
Für die Begrüßung: eine Handtrommel
Für die Tastübung: einen Schuhkarton mit seitlichem Eingriff. Verschiedene Gegenstände hineinlegen: ein Stück Fell, einen Stein, ein Holzstück, eine Blüte, ein Ball, ein Spielzeug.

Begrüßung: Ich höre meinen Namen
Die Kinder schließen die Augen und werden mit den Trommeltönen gerufen. Dann trommeln sie selbst ihren Namen oder etwas, das sie der Gruppe sagen wollen.

Tastübung
Der Schuhkarton wird von Kind zu Kind weitergereicht. Jedes Kind greift hinein und sagt, welcher Gegenstand mit der Hand »zu sehen« ist. (Einige Gegenstände im Verlauf der Fühlaktion einlegen, dass jedes Kind die Chance hat etwas zu entdecken.)
Gespräch: Was kann ich mit der Hand spüren, fühlen, »sehen«?
    Welche Farbe hat der Ball, die Blüte, das Fellstück?
    Wie stelle ich mir einen Menschen vor, von dem ich nur die Stimme kenne?

Dankgebet

Danke, guter Gott,
dass ich mit zwei Augen sehe.
Ich sehe die Farben der Natur,
das Glitzern der Regentropfen,
ich sehe in die Augen meiner Mitmenschen,
ihr Gesicht, ihr T- Shirt.

Ich sehe, wenn einer mich anschaut
und etwas haben will.
Ich sehe oft weg,
wenn ich keine Lust habe, anderen zu helfen.
Das ist nicht gut.

Lehre mich hinsehen und handeln.
Danke für die Augen-Blicke,
die du schenkst, guter Gott.
Danke für zwei Augen,
die mir helfen, richtig zu sehen.

Gebet
Aus einem alten Lied

Herr, gib du uns Augen, die den Nachbarn sehn,
Ohren, die ihn hören und ihn auch verstehn.

Hände, die es lernen, wie man hilft und heilt,
Füße, die nicht zögern, wenn die Hilfe eilt.

Herzen, die sich freuen, wenn ein andrer lacht,
einen Mund zu reden, was ihn glücklich macht.

Dank für alle Gaben, hilf uns wachsam sein,
zeig uns, Herr, wir haben nichts für uns allein.
(Text: Friedrich Walz, © Strube Verlag, München-Berlin)

23. Juli 2006 **6. SONNTAG NACH TRINITATIS**

Markus 7,31-37 – Sich öffnen für Gott und die Welt.
Die Heilung des Taubstummen

Zur Einführung
(Den folgenden Text »Wenn ein Sinn fehlt« lesen und darüber reden.)

Wenn *ein* Sinn fehlt, was dann?
Augen sind zum Sehen da, Ohren zum Hören, die Nase zum Riechen.
Wenn *ein* Sinn fehlt, was dann?

Menschen, die nicht sehen, müssen sich auf ihre Ohren, ihre Nase und ihre Hände verlassen. Ein Langstock oder ein Blindenhund hilft, den Weg zu finden, und Hindernisse zu umgehen.
Die Hände lesen, was die Augen nicht können, z. B. die Brailleschrift, die samtige Struktur eines Rosenblattes, das weiche Fell einer Katze.

Menschen, die nicht hören, müssen genau hinsehen und von den Lippen anderer ablesen. Sie müssen lernen, mit Faxgerät, Computer und SMS die Botschaften zu »hören«. Sie lernen, sich mit den Händen zu verständigen. In der Gebärdensprache sagen sie: »Du gefällst mir!« oder: »Das Leben ist schön.«

Menschen, die nicht sehen und nicht hören und stumm sind, brauchen andere, die ihre Hände führen und ihnen die Welt zeigen. Mittels der Lormschrift lernen sie, sich zu verständigen und am Leben teilzunehmen. Helen Keller, die taub, blind und stumm war, hat die ganze Welt bereist und allen Mut gemacht, ihr Schicksal in die Hand zu nehmen und ohne das Licht der Augen, ohne das Hörvermögen und ohne sprechen zu können das Leben zu wagen.

Spielidee: Die Kinder spielen pantomimisch verschiedene Szenen. Was sehen, hören und verstehen die anderen? Beispiele: Ich bitte um ein Glas Wasser. Ich sage, dass ich glücklich bin. Ich sage jemand, dass mir seine Schuhe gefallen...

Gebet des Geheilten (nach Psalm 34)

Gott hat mein Gebet erhört.
Er hat mir geholfen.
Ich bin glücklich, überglücklich.
Meine Augen sehen.
Meine Ohren hören.
Mein Mund ist frei.

Das habe ich erlebt.
Das könnt ihr auch erleben.
Vertraut unserem starken Gott.
Er hört eure Klage.
Er nimmt das Brett weg, das vor eurem Kopf ist.
Er nimmt die Stöpsel aus euren tauben Ohren.
Er löst eure Zunge, dass ihr frei reden könnt.

Dankt Gott. Lobt ihn.
Erzählt Gutes von ihm,
heute, morgen und alle Tage.

Alma Grüßhaber

»Gottes Liebe ist wie die Sonne«
Symbol Sonne

FÜR DIE GANZE REIHE

Psalmgebet (nach Psalm 19)

Hell ist der Tag und dunkel die Nacht. Sonne bringt Licht und Wärme dazu, alles hast du, Gott, gemacht.

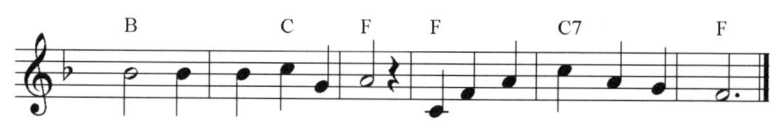

Text und Melodie: Horst Ramsch, Rechte beim Autor.

> Wenn die Sonne scheint, freuen wir uns.
> Wir haben gute Laune,
> alles, was wir tun, gelingt uns.
> Dann sind wir froh und wünschen uns:
> Das müsste immer so bleiben.

Hell ist der Tag und dunkel die Nacht ...

> Wenn Wolken die Sonne verdecken,
> fühlen wir uns nicht wohl.
> Unsere Laune ist schlecht,
> was wir auch tun, es will nicht gelingen.
> Dann sind wir traurig und wünschen uns:
> Hoffentlich geht es uns bald besser.

Hell ist der Tag und dunkel die Nacht ...

Wenn wir froh sind oder traurig,
wenn wir uns wohl fühlen
oder wenn uns nichts gelingt,
dann sind wir doch getrost und glauben:
Alles kommt aus Gottes Hand.

Hell ist der Tag und dunkel die Nacht ...

Segen

Zum Segen stehen wir im Kreis. Wir breiten die Arme zum Nachbarn aus, halten die linke Hand empfangend nach oben geöffnet. (Mit der Seite des Herzens empfangen wir.) Die rechte Hand liegt mit der »Öffnung« nach unten (gebend) auf der geöffneten linken Hand des rechten Nachbarn. Dazu singen (oder sprechen) wir:

Segen mache dein Leben hell

Se-gen ma-che dein Le-ben hell, wie die Son-ne den Tag. Se-gen zei-ge dir den Weg, wie der Mond in der Nacht. Got-tes Se-gen be-glei-te dich.

Text und Melodie: Horst Ramsch, Rechte beim Autor.

Wer bringt die Sonne (Kanon für die ganze Reihe)

1. Wer bringt die Sonne, den Regen, den Wind?
2. Die schenkt uns Gott, ja, das weiß jedes Kind.

Text und Melodie: Horst Ramsch, Rechte beim Autor.

---

30. Juli 2006 — **7. SONNTAG NACH TRINITATIS**

Psalm 19,1-7 – Gott schenkt uns mit der Sonne Licht und Wärme.

Schlussgebet

Stichwort: Ohne Licht und Wärme können wir nicht leben.

Guter Gott,
du sorgst dafür, dass unser Leben hell ist.
So wie die Sonne am Morgen aufgeht und scheint,
auch wenn Wolken sie verdecken,
so bist du da , auch wenn Sorgen und Ängste uns traurig machen.
Wir danken dir für die Sonne.
Wir danken dir für die frohen Stunden des Tages.
Wir danken dir für dein Nahesein und (er-)bitten füreinander (den Segen):

Segen mache dein Leben hell ...

6. August 2006   **8. SONNTAG NACH TRINITATIS**

Psalm 74,16; 1. Mose 1,14-19
Gott schenkt uns mit der Sonne einen Rhythmus.

Schlussgebet
Stichwort: Ohne Tag und Nacht – Arbeit und Ruhe – können wir nicht leben.

Guter Gott,
du hast die Sonne, den Mond und die Sterne geschaffen.
Zu jeder Zeit – ob es Tag ist oder Nacht –
leben wir von deinem Licht.
Sonne, Mond und Sterne erinnern uns daran,
dass zu dem Fleiß und der Arbeit des Tages
auch die Ruhe der Nacht gehört.
Wir danken dir für die frohen Stunden des Tages
und für die stärkende Ruhe der Nacht.
Wir danken dir für dein Nahesein
und erbitten füreinander (den Segen):

Segen mache dein Leben hell ...

13. August 2006   **9. SONNTAG NACH TRINITATIS**

Psalm 84,12 – Gott schenkt sich uns wie die Sonne

Schlussgebet
Stichwort: Ohne Gott und Sonnenschein können wir nicht leben.

Guter Gott,
du willst alles tun, damit unser Leben gelingen kann.
Du bist für uns lebensnotwendig. Das vergessen wir oft.
Wir denken, auch ohne dich leben zu können.
Aber wie das Leben auf der Erde
ohne die Sonne nicht bestehen kann,
können wir ohne dich nicht leben.
Wir danken dir für das Leben,
das du uns geschenkt hast und erhältst.
Wir danken dir für dein Nahesein
und erbitten füreinander (den Segen):

Segen mache dein Leben hell ...

Horst Ramsch

»Siehe, ich lege meine Worte in deinen Mund«

Jeremia – das Geschick eines Propheten

FÜR DIE GANZE REIHE

Segen

[Noten: Sende mich, Herr! Ich will gehn in deinem Namen, Jesus Christus, sende mich.]

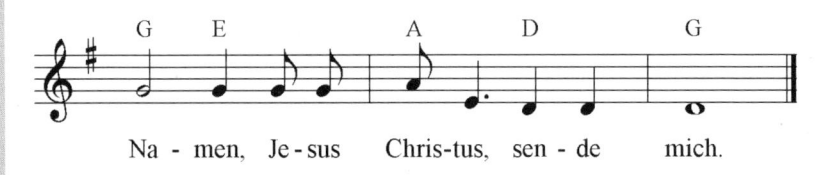

Text und Melodie: Verfasse unbekannt (LJ 420)

In deinem Namen gehen wir
und tragen deine Liebe in die Welt.

Sende mich, Herr.
Ich will gehen in deinem Namen,
Jesus Christus, sende mich.

In deinem Namen gehen wir
und helfen gerne, wo unsere Hilfe gebraucht wird.

Sende mich, Herr ...

In deinem Namen gehen wir
Und vertrauen darauf, dass du bei uns bist.

Sende mich, Herr ...

20. August 2006 — 10. SONNTAG NACH TRINITATIS

Jeremia 1,4-12.17-19
Einem jungen Mann wird viel zugemutet.
Jeremia wird von Gott zum Propheten berufen.

Schlussgebet
Stichwort: Ich will was tun.

Guter Gott,
wir sind Kinder.
Wir können noch nicht alles tun, was Erwachsene tun.
Erwachsene dürfen mehr entscheiden.
Erwachsene haben mehr Verantwortung.
Aber auch wir können schon viel Gutes tun.
Wir wollen mithelfen,
damit Menschen fröhlich sein und lachen können.
Wir wollen mithelfen,
damit Menschen sich wohl fühlen.
Wir wollen mithelfen,
damit Menschen, die traurig sind, Trost finden.
Gib uns gute Ideen für gute Taten.
Gib uns die richtigen Freunde zur Seite,
damit wir uns nicht allein fühlen.
Gib uns die nötige Kraft, damit wir nicht denken müssen:
Wir sind noch zu klein.

27. August 2006   **11. SONNTAG NACH TRINITATIS**

Jeremia 26,1-16 – Kehrt um von eurem bösen Weg.
Jeremia verkündigt Gottes Wort im Tempel.

Schlussgebet
Stichwort: Das ist schlecht.

Gerechter Gott,
das ist schlecht, dass manche Menschen nicht wissen,
wohin mit dem Geld, und andere sind bettelarm.

Das ist schlecht, dass manche Eltern
sich nicht um ihre Kinder kümmern,
sie anbrüllen und sogar schlagen.

Das ist schlecht, dass Kinder kein Zuhause haben,
auf dem Müll nach Essbarem suchen
und um Geld betteln müssen.

Das ist schlecht, dass Abgase die Luft verpesten,
Flüsse und Seen voller Dreck sind,
und Leute ihren Müll in den Wald werfen.

Das ist schlecht, dass Menschen Tiere quälen,
ihre Hunde aussetzen,
weil sie sie nicht mit in den Urlaub nehmen können.

Das ist schlecht, dass Menschen hungern müssen,
und andere werfen Essen achtlos weg.

Das ist schlecht, ...

Gott, du bist gerecht.
Du sagst uns, was richtig und falsch ist.
Hilf uns, dass wir uns daran halten.

3. September 2006   **12. SONNTAG NACH TRINITATIS**

Jeremia 18,1-17 – Wie Ton in Gottes Hand.
Das Gleichnis vom Töpfer und vom Ton.

Schlussgebet
Stichwort: Du hast uns gemacht.

Guter Gott,
der Töpfer formt aus Ton einen Topf.
Der Töpfer formt aus Ton eine Figur.
Das Werk ist gut. Er freut sich daran.
Du, Gott, hast uns gemacht.
Wir sind dankbar, dass wir leben.
Wir sind froh, dass wir gesund sind.
Wir können laufen, denken, sprechen und singen.
Du hast uns Kraft und Mut gegeben,
damit wir Gutes tun auf dieser Erde.
Dazu hilf uns.

10. September 2006   13. SONNTAG NACH TRINITATIS

Jeremia 37 – 38,13 i. A. – Rettung aus Lebensgefahr.
Jeremia muss leiden und wird durch ein Wunder gerettet.

Schlussgebet
Stichwort: Leiden um der Gerechtigkeit willen

Gerechter Gott,
es gibt Menschen, die sagen die Wahrheit,
aber keiner will sie hören.
Sie werden niedergebrüllt.

Jesus sagt: Diese Menschen haben Recht!
Selig sind, die um der Gerechtigkeit willen verfolgt werden,
denn ihrer ist das Himmelreich.

Es gibt Menschen, die kämpfen für die Anderen.
Aber sie bekommen selber deshalb großen Ärger
und verlieren ihren Arbeitsplatz.

Jesus sagt: Diese Menschen haben Recht!
Selig sind, die um der Gerechtigkeit willen verfolgt werden,
denn ihrer ist das Himmelreich.

Es gibt Menschen, die verzichten auf Vieles.
Sie geben viel Geld für andere Menschen und helfen damit.
Andere spotten und sagen: Die sind dumm.

Jesus sagt: Diese Menschen haben Recht!
Selig sind, die um der Gerechtigkeit willen verfolgt werden,
denn ihrer ist das Himmelreich.

Gottfried Mohr

Und Gott will es nicht lassen!

Von der wunderbaren Bewahrung des Lebens auf Erden

FÜR DIE GANZE REIHE

Vorbemerkung:
1. Mose 8,20 – 9,1; 9,8-17 ist Schwerpunkttext dieser Reihe. Darum sollte der Regenbogen als Verheißungszeichen die Reihe begleiten. Eventuell ist ein Regenbogentuch die Altardecke.

Eröffnung

Kanon: »Unter Gottes Regenbogen« (MKL 1, Nr. 34; KG 162)

»Solange die Erde steht, soll nicht aufhören Saat und Ernte,
Frost und Hitze, Sommer und Winter, Tag und Nacht.«
(1. Mose 8,22)

Das hat Gott versprochen. Seht den Regenbogen! Er ist das Zeichen.

Kanon: »Unter Gottes Regenbogen« (MKL 1, Nr. 34; KG 162)

17. September 2006   14. SONNTAG NACH TRINITATIS

1. Mose 6,5 – 7,24 - Gott bewahrt das Leben.

Schlussgebet

Gott, Noah hast du beschützt und seine Familie auch.
Die anderen sind ertrunken bei der großen Flut.
Gott, warum hast du sie nicht errettet?

Wir bitten dich:
Rette doch die Kinder und Erwachsenen vor solchen Fluten!
Und vor Erdbeben und vor schlimmen Krankheiten.

Und wenn Kinder doch sterben müssen, bleibe bei ihnen
und wiege sie in deinen Armen, Gott.

Und wenn Menschen anderen Menschen Leid zufügen wollen,
halte sie zurück, Gott.
Ach Gott, sende deine Engel, dass sie uns behüten.

24. September 2006 — 15. SONNTAG NACH TRINITATIS

1. Mose 8,1-20 - Gott befreit zum Leben.

Schlussgebet

Gut, dass es ein Ende hatte mit der Flut, Gott.
Die Friedenstaube hat ein Blatt gefunden.
Da wusste Noah, die Erde wird wieder trocken.
Wir danken dir, Gott, für die Erde.

Höre, wenn wir dich bitten:
Behüte die Pflanzen, die Tiere, die Menschen auf deiner Erde.
Gib uns deinen Segen. Wir wollen dir danken wie Noah.

Hilf uns, deine Erde zu behüten und zu bewahren.
Wir danken dir, Gott, für den Regenbogen.
Er ist wunderbar.

1. Oktober 2006 — 16. SONNTAG NACH TRINITATIS

1. Mose 8,20 – 9,1; 9,8-17 – Gott verspricht das Leben (Schwerpunkt).

Schlussgebet

Danke Gott, für den Regenbogen und dein Versprechen.
Das ist gut, dass du für die Erde und uns sorgst.

Wir bitten dich für die kranken Menschen,
dass sie dich spüren und aufatmen können.

Wir bitten dich für die traurigen Menschen,
dass sie dich spüren und wieder froh werden.

Wir bitten dich für die enttäuschten Menschen,
dass sie dich spüren und wieder hoffen können.

Wir bitten dich für ...

Danke, Gott, für den Regenbogen und dein Versprechen.
Du bist bei uns, was auch geschieht.

Lydia Laucht

Kunterbuntes von Gott und der Welt

FÜR DIE GANZE REIHE

Eröffnung

Wir feiern Kindergottesdienst im Namen Gottes,
des Vaters und des Sohnes und des Heiligen Geistes.
Gott ist unser Schöpfer.
Uns und unsere Welt hat er bunt und schön erschaffen.
Und er hat uns ganz verschiedene Gaben und Aufgaben gegeben.
Er segnet uns und wir sollen ein Segen sein.

Kanon: »Ich will dem Herrn singen« (EG 340; LJ 197)

Psalm von den Farben der Schöpfung
(In Anlehnung an Psalm 104)

1. Sprecher/in:
Gott, im hellen Licht der Sonne,
das unserer Erde ihre Farben schenkt,
sehe ich dich, unseren Schöpfer.

Gott, im Braun der Erde,
deren Früchte uns täglich satt machen,
sehe ich dich, unseren Schöpfer.

Gott, im Grün der Bäume,
die uns Schatten spenden,
sehe ich dich, unseren Schöpfer.

Gott, im Blau des Wassers, das wir trinken,
sehe ich dich, unseren Schöpfer.

Gott, im Rot des Feuers, das uns wärmt,
sehe ich dich, unseren Schöpfer.

2. Sprecher/in:
Gott, du schenkst uns blaue, braune und grüne Augen,
damit wir einander sehen.

Gott, du schenkst uns große und kleine Ohren,
damit wir einander hören.

Gott, du schenkst uns gelbe, weiße, rote, braune
und schwarze Hände, damit wir einander helfen.

Gott, du schenkst uns schmale und breite Füße,
damit wir uns zueinander auf den Weg machen.

Schenke uns deinen Geist, damit wir einander achten
und gut miteinander umgehen.

3. Sprecher/in:
Gott, ich kann singen und jubilieren – danke.
Gott, ich kann schreiben, malen und basteln – danke.
Gott, ich kann laufen, springen und rennen - danke.

Gott, ich kann denken und sprechen,
beten und protestieren – danke.
Gott, ich kann spielen und arbeiten – danke.

Ich will alles, was du mir schenkst,
dankbar annehmen und gut gebrauchen.

(Der Kanon: »Ich will dem Herrn singen« kann nach jedem Teil des Psalms gesungen werden.)

8. Oktober 2006 — **17. SONNTAG NACH TRINITATIS**

Kunterbunt ist unsere Welt
(1. Mose 1,1-2,4a – Schöpfungsgeschichte)

Bildbetrachtung zur Einstimmung

Vielen Kindern ist die Schöpfungsgeschichte sicher vertraut.
Ein neuer Zugang könnte hier vielleicht geschaffen werden durch die Betrachtung eines Schöpfungsbildes (s. Abbildung unten).
(Tanz der Schöpfung 2, Religionspädagogische Praxis, Handreichung für elementare Religionspädagogik, Jhg. 4/99, Titelbild. Als Poster DIN A1 zu beziehen bei RPA-Verlag GmbH Landshut, Gaußstr. 8, 84030 Landshut, Tel. 0871-73237)

Das Bild von Sr. Eustochium Lotze ist auch offen dafür, bereits vorhandenes Wissen der Kinder zu Urknallhypothese und Evolutionstheorie konstruktiv aufzunehmen.
Mit jüngeren Kindern können wir das Bild auch mit dem Spiel: »Ich sehe was, was du nicht siehst« erschließen.

Eingangsgebet

Guter Gott,
kunterbunt ist unsere Erde.
Du hast sie vor aller Zeit erschaffen.
Bis heute und für immer sorgst du für alles, was lebt.
Du bist da in deiner Schöpfung
und du bist hier bei uns im Kindergottesdienst.
Lass uns jetzt deine Nähe spüren.

Gestaltungsidee

Mit Tüchern, Natur- und Legematerialien, Holztieren, Puppenstubenpüppchen kann, den Schöpfungstagen folgend, ein Schöpfungsbild gestaltet werden.
Dabei kann entweder der biblischen Vorstellung vom Himmel oben und der Erde unten gefolgt werden (eher für jüngere Kinder) oder eher ein Spiralbild von innen nach außen entwickelt werden, das dann die Sonne zum Mittelpunkt hat und aus Sonne und Wasser das Leben erwachsen lässt.
(In dem Buch: »Wir feiern, lieber Gott, mit dir« ist diese Idee in einem Gottesdienst für Kleinkinder umgesetzt mit entsprechenden Kopiervorlagen. Dieser Entwurf kann auch mit jüngeren Kindergottesdienstkindern genutzt werden: Ute Reckzeh, Wir feiern, lieber Gott, mit dir, Verlag Junge Gemeinde, Leinfelden-Echterdingen 2005.)

Schlussgebet
Stichwort: Für die Schöpfung sorgen.

Guter Gott,
du hast uns deine Welt geschenkt.
Und du hast uns den Auftrag gegeben,
gut für deine Erde zu sorgen.
Schenke uns Augen, die sehen, was nötig ist.
...
Schenke uns Ohren, die Not der Menschen und der Natur zu hören.
...
Schenke uns Hände, die trösten und helfen.
.....
Schenke uns Füße, die sich auf den Weg machen, den du ihnen zeigst.
.....
Behüte und bewahre uns und schenke uns jeden Tag deinen Segen.

(Bei den mit ... markierten Lücken, können die älteren Kinder oder Mitarbeiter/innen konkrete Gebetsanliegen nennen, die im Gruppengespräch aufgetaucht oder vor Ort gerade aktuell sind.)

15. Oktober 2006   18. SONNTAG NACH TRINITATIS

Kunterbunt sind wir.
(1. Korinther 12,12-31 – Ein Leib und viele Glieder)

Zur Einstimmung

Alle Kinder sitzen im Kreis.
Ein mutiges Kind (oder eine auf Packpapier gemalte und ausgeschnittene Kinderfigur) liegt in der Mitte. Mit großen Tüchern werden nacheinander einzelne Körperteile abgedeckt. Die Kinder tauschen sich aus: Ein Mensch ohne Hände ... Ein Mensch ohne Kopf ... Ein Mensch ohne Beine ...

Oder: Betrachtung des Holzschnittes von Sr. Sigmunda May (siehe Seite 76)

Eingangsgebet

Guter Gott,
mit Augen und Ohren, mit Händen und Füßen,
mit Kopf und Herz sind wir jetzt hierher gekommen.
Schon im Bauch unserer Mutter
hast du uns wunderbar bereitet und warst uns nahe.
Lass uns jetzt hier im Kindergottesdienst
deine Gegenwart erfahren.

Gestaltungsidee

Die Kinder malen einen Handumriss und einen Fußumriss auf Papier und schneiden beides aus. Größere Kinder schreiben auf die Hände und Füße Dinge, die sie gut können. Aus bunten Tüchern kann in der Kreismitte ein Kreuz gestaltet werden. Die Kinder legen ihre Handumrisse auf die Querbalken des Kreuzes und ihre Fußumrisse auf den unteren Teil des senkrechten Balkens. Wenn möglich wird ein Christusbildnis (Ikone) auf den oberen Teil des senkrechten Kreuzbalkens gelegt. Ein Gespräch über sich wechselseitig ergänzende Fähigkeiten der Kinder kann sich anschließen.

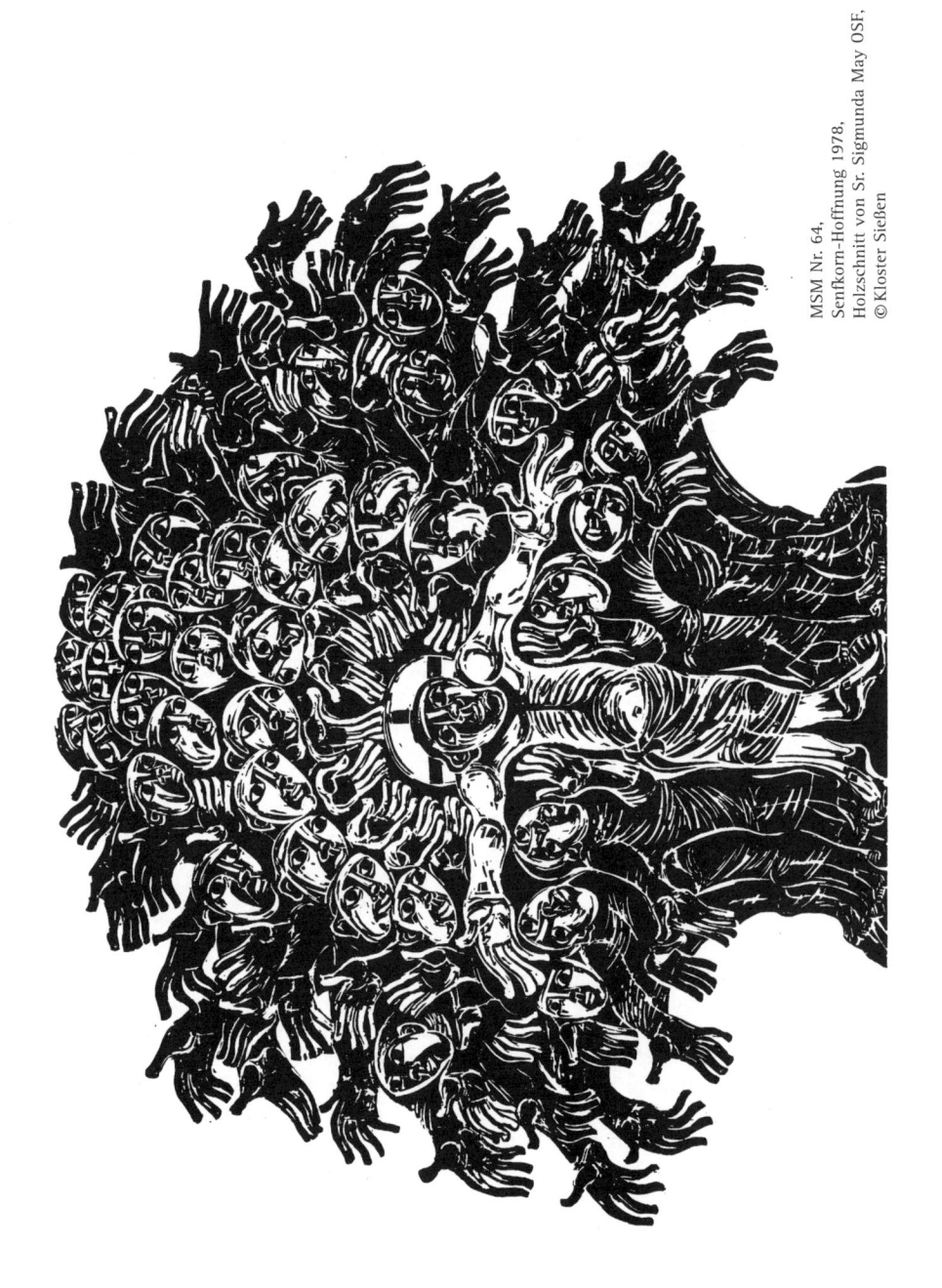

MSM Nr. 64,
Senfkorn-Hoffnung 1978,
Holzschnitt von Sr. Sigmunda May OSF,
© Kloster Sießen

Schlussgebet (nach einem Gebet aus dem 14. Jh.)
Stichwort: Für Christus

Guter Gott,
Christus hat keine Hände, nur unsere Hände,
um seine Arbeit heute zu tun.
Wir wollen dir unsere Hände schenken (und ...).
Christus hat keine Füße, nur unsere Füße,
um Menschen auf seinen Weg zu führen.
Wir wollen dir unsere Füße schenken (und ...).
Christus hat keine Lippen, nur unsere Lippen,
um Menschen von ihm zu erzählen.
Wir wollen dir unsere Lippen schenken (und ...).
Christus hat keine Hilfe, nur unsere Hilfe,
um Menschen an seine Seite zu bringen.
Wir wollen dir unsere Hilfe schenken (und ...)
Behüte und bewahre uns
und schenke uns jeden Tag deinen Segen.

Bei den mit (und ...) markierten Lücken können die älteren Kinder oder Mitarbeiterinnen konkrete Gebetsanliegen nennen, die im Gruppengespräch aufgetaucht oder vor Ort gerade aktuell sind.

22. Oktober 2006 — 19. SONNTAG NACH TRINITATIS

Kunterbunt sind unsere Aufgaben
(Matthäus 25,14-30 von den anvertrauten Talenten).

Eingangsgebet

Guter Gott,
du hast uns viele verschiedene Fähigkeiten geschenkt.
Manche entdecken wir sofort,
manche wollen erst noch entdeckt und geübt werden.
Du kannst uns alle gebrauchen und willst,
dass wir deine Gaben nützen,
um andere Menschen damit zu bereichern.
Schenke uns nun deinen Heiligen Geist,
damit in allem, was wir hier im Kindergottesdienst tun,
deine Nähe spürbar wird.

Gestaltungsidee

Wir veranstalten einen »Talentschuppen« in der Kinderkirche. Die Kinder werden nicht nach Altersgruppen, sondern nach »Talenten« in Gruppen eingeteilt. Es gibt verschiedene »Workshops«. Dabei sind der Fantasie keine Grenzen gesetzt. Die Ideen sollten aus der konkreten Gemeindesituation entspringen und gegebenenfalls mit Kooperationspartnern abgestimmt sein. Deshalb hier nur einige Ideen: Musikalische Kinder üben mit orffschen Instrumenten ein Lied ein, das dann im Erwachsenengottesdienst oder im Altenheim vorgetragen wird. Kreative Kinder gestalten mit Fingerfarben ein neues Altartuch oder mit farbigen Wachsplatten eine neue Kerze für den Kindergottesdienst.

(Dazu kann ein Set mit Kerze, Verzierwachsplättchen und Gestaltungsvorlagen beim Verlag Der Jugendfreund, Postfach 100355, 70747 Leinfelden-Echterdingen, bezogen werden.)

Es könnten aber auch belegte Brötchen und Fruchtdrinks für den »Kirchenkaffee« nach dem Gottesdienst oder ein Artikel für den Gemeindebrief mit Fotos entstehen.

Vielleicht lässt sich mit dem »Talentschuppen« auch ein »Mehrwert« erwirtschaften, der als Spende dem Opferprojekt der Kinderkirche zugute kommt.

Schlussgebet

In Abwandlung vom 15.10. Diesmal:

Guter Gott,
Christus hat keine Hände, nur unsere Hände,
um seine Arbeit heute zu tun.
Wir haben dir unsere Hände geschenkt (und ...).
Christus hat keine Füße, nur unsere Füße,
um Menschen auf seinen Weg zu führen.
Wir haben dir unsere Füße geschenkt (und ...).
Christus hat keine Lippen, nur unsere Lippen,
um Menschen von ihm zu erzählen.
Wir haben dir unsere Lippen geschenkt (und ...).
Christus hat keine Hilfe, nur unsere Hilfe,
um Menschen an seine Seite zu bringen.
Wir haben dir unsere Hilfe geschenkt (und ...)
Danke, dass du uns nahe warst, uns Gaben und Fähigkeiten,
Mut und Tatkraft geschenkt hast.
Schenke du nun uns und allen Menschen deinen Segen.

Bei den mit (und ...) markierten Lücken können die älteren Kinder oder Mitarbeiter/innen die konkreten Aktionen, die der »Talentschuppen« hervorgebracht hat, formulieren.

Ellen Eidt

Gott bin ich recht, so wie ich bin
Von Gottes großer Güte

FÜR DIE GANZE REIHE

Psalmgebet (nach Psalm 145)

    Gott, wir wollen erzählen,
    dass du wichtig bist für unser Leben.
    Jeden Tag wollen wir daran denken
    und dir fröhliche Lieder singen.

Gott ist voller Liebe und Zuwendung und Geduld.

    Kinder und Erwachsene sollen erfahren,
    dass du hilfst.
    Sie sollen reden von deiner großen Liebe zu uns.

Gott ist voller Liebe und Zuwendung und Geduld.

    Gott vergisst keinen, er denkt an jeden von uns.
    Dafür wollen wir ihm immer wieder danken.

Gott ist voller Liebe und Zuwendung und Geduld.

    Gottes Gerechtigkeit nimmt jeden wahr.
    Auch wenn wir alleine und traurig sind,
    ist Gott in unserer Nähe.

Gott ist voller Liebe und Zuwendung und Geduld.

    Gott hört unser Gebet,
    er will uns Mut und Freude schenken.
    Darauf können wir uns verlassen.

Segen

Du bist Gottes Kind.
Gott liebt dich mit deinen Begabungen
und mit deinen Fehlern.
So kannst du – gesegnet von Gott –
durch dein Leben gehen.

29. Oktober 2006   **20. SONNTAG NACH TRINITATIS**

Matthäus 9,9-13 – Ausgerechnet der? – Ich bin angenommen.

Schlussgebet
Stichwort: Sich und andere annehmen.

Gott, wie oft ärgern wir uns über andere:
Weil sie besser malen können als wir,
weil sie schneller laufen können,
weil sie mehr Freunde haben als wir.
Und manchmal macht uns das auch traurig.
Wir denken, wir sind nicht so viel wert wie andere.

Aber du, Gott, siehst jeden Menschen:
die im Mittelpunkt stehen und die am Rande leben.
Du, Gott, öffnest dein Haus für alle:
für die Wortführer und für die Schweigsamen.
Uns fällt es schwer, jeden anzuerkennen.
Viel eher sind wir neidisch oder ziehen uns zurück.

Hilf uns, Gott, dass wir uns so annehmen können, wie wir sind.
Hilf, dass wir uns mit anderen mitfreuen können.
Denn so wird ein Stück Himmel unter uns aufleuchten.

5. November 2006   **21. SONNTAG NACH TRINITATIS**

Matthäus 20,1-5 – Echt unfair! – Ich komme nicht zu kurz.

Ein Spiel zum Einstieg

Mit einem Würfelspiel, das nicht zu viel Zeit beansprucht, kann demonstriert werden: nicht wer zuerst im Ziel ist, wird am meisten belohnt, sondern alle bekommen am Ende das Gleiche.
Die Kinder sollen sich durch ein »Gelände« hindurch würfeln, auf dem es Abkürzungen gibt, auf dem man aber auch mal wieder ein Stück zurück muss. Es gibt Spiele zu kaufen, die nach diesem Prinzip aufgebaut sind, man kann aber auch ganz leicht ein großes Spiel auf den Boden legen mit Pappscheiben und Kordeln – eine Farbe für Abkürzungen, eine Farbe für zurück. Wer auf einem Feld landet, bei dem ein entsprechender Faden beginnt, darf bzw. muss auf diesem entlang bis zu dem Feld, an dem der Faden endet. Am Ende des Spieles steht eine »Festtafel«, um die sich die angekommenen Spieler setzen. Aber erst wenn alle am Ziel sind, bekommt jedes Kind ein kleines Geschenk, alle Kinder das Gleiche.

Schlussgebet
Stichwort: Gerechtigkeit ist ein Problem.

Gott, wir haben erfahren,
dass bei dir andere Regeln gelten als bei uns.
Das ist nicht immer leicht zu verstehen.

Wenn wir uns mehr angestrengt haben als andere,
möchten wir auch eine Belohnung dafür.
(Gemeinsam singen oder sprechen:)

Gottes Gerechtigkeit ist das Maß der Welt

1. Got - tes Ge-rech-tig-keit ist das Maß der Welt.
2. Ihr sollt nicht ent-schei-den, wer viel, wer we-nig zählt.

Text: Anette Wetzel-Hesselbarth
© Strube Verlag München-Berlin
Musik: Albert Wieblitz, Rechte beim Autor

Wer etwas Dummes angestellt hat,
soll auch bestraft werden.
(Gemeinsam singen oder sprechen:)
Gottes Gerechtigkeit ist das Maß der Welt ...

Wenn ich meinem Freund geholfen habe,
möchte ich ein besonderes Dankeschön.
(Gemeinsam singen oder sprechen:)
Gottes Gerechtigkeit ist das Maß der Welt ...

Gott, es ist nicht leicht,
deine Gerechtigkeit zu verstehen.
Hilf uns, dass wir erfahren können:
Wo wir großzügig miteinander umgehen,
leuchtet ein Stück Himmel auf.

12. November 2006 — **DRITTLETZTER SONNTAG IM KIRCHENJAHR**

Matthäus 18,21-33 – Vergeben und vergessen? – Ich darf neu anfangen.

Im Eingangsteil können die Kinder aus ihren eigenen Erfahrungen Beispiele zusammentragen:

Ich habe jemanden ungerecht behandelt, einen Fehler gemacht.
Ich habe Recht bekommen, mir ist verziehen worden.

Dafür werden Papierkreise vorbereitet mit jeweils einem lachenden und einem traurigen Gesicht. In der Mitte liegen ein helles und ein dunkles Tuch, auf denen die Kinder die Kreise bei Nennung von Erfahrungen ablegen können.

Fürbittgebet
Stichwort: Durch Vergeben lebt es sich besser.

Bei den einzelnen Bitten können die Papierkreise, die im Eingangsteil verwendet wurden, zu einer Kerze oder einem Kreuz gelegt werden (für Dank die fröhlichen Gesichter, für Bitten die traurigen).

Gott, du hast uns gezeigt, wie du mit Menschen umgehst,
die einen Fehler gemacht haben. Uns fällt Vergeben oft so schwer.

Aber wir erfahren immer wieder Vergebung, dafür danken wir dir:
Mutter hat es mir nicht nachgetragen,
dass ich die Arbeit nicht erledigt habe,
um die sie mich gebeten hatte.
Mein Freund ist nicht mehr sauer auf mich,
obwohl ich unsere Verabredung verschwitzt habe.
Die Lehrerin hat meinen Eltern nicht mitgeteilt,
dass ich wegen der vergessenen Hausaufgaben nicht ehrlich war.
(Weitere Beispiele können gemeinsam zusammengetragen werden.)

Gott, weil wir wissen, dass du uns vergibst, bitten wir dich:
Hilf uns, dass wir Ärger vergessen können,
dass wir wieder miteinander reden, wo es Streit gab,
dass wir zu unseren eigenen Fehlern stehen können,
dass wir nicht warten, bis der andere kommt,
sondern selbst als erste die Hand zur Versöhnung reichen.
(Weitere Beispiele können gemeinsam zusammengetragen werden.)

Gott, schenke uns immer wieder einen Neuanfang -
mit dir, mit anderen Menschen,
denn so leuchtet ein Stück Himmel auf.

Barbara Rösch

Wenn uns die Angst packt
Worte und Geschichten gegen die Angst

FÜR DIE GANZE REIHE

Psalmgebet (nach Psalm 91)

    Wer unter dem Schirm Gottes lebt
    und bei ihm Schutz sucht, der sagt zu Gott:

Gott, meine Zuversicht und meine Burg,
mein Gott, auf den ich hoffe.

    Gott hält wie ein Vogel Flügel über dich.
    Bei ihm findest du Schutz und Sicherheit.

Gott, meine Zuversicht und meine Burg,
mein Gott, auf den ich hoffe.

    Gott ist bei dir, wohin du auch gehst.
    Er ist dir nahe bei Tag und bei Nacht.

Gott, meine Zuversicht und meine Burg,
mein Gott, auf den ich hoffe.

    Wenn du einmal traurig bist, ist er dir nahe.
    Wenn alle über dich herfallen
    und du dich am liebsten verkriechen würdest,
    schenkt er dir neuen Mut.

Gott, meine Zuversicht und meine Burg,
mein Gott, auf den ich hoffe.

    Denn Gott hat seinen Engeln befohlen,
    dass sie dich behüten auf allen deinen Wegen.

Gott, meine Zuversicht und meine Burg,
mein Gott, auf den ich hoffe.

19. November 2006   VORLETZTER SONNTAG IM KIRCHENJAHR

Matthäus 8,23–27 – Die Stillung des Seesturms

Eine spielerische Annäherung an die Erzählung

(Material: Schwungtuch, längliche blaue Luftballons, Filzstifte, ein möglichst großes Blatt Papier.)

Zur Einstimmung werden zunächst einige Bälle auf das Schwungtuch geworfen und in Bewegung gebracht. Nun wird aus dem Papier ein Schiff gefaltet. Das Schiff wird mit den Namen aller beschriftet, die den Kindergottesdienst mitfeiern, und auf das Tuch gesetzt.
Das Tuch wird leicht geschwungen und das Schiff so in Bewegung gesetzt. Nun wird der Beginn der Geschichte von der Stillung des Seesturms erzählt, bis die Wellen hochschlagen.
Die Ballons werden mit Wasser gefüllt und mit dem beschriftet, was uns ängstigt. Dann werden sie als Angstwellen zu dem Schiff gesetzt. Die Erzählung wird fortgesetzt.
Am Ende wird das Tuch mit dem Boot und den Wellen vorsichtig auf den Boden gelegt. Nach und nach werden die Wellen vom Tuch genommen. Was steht auf ihnen? Was kann gegen die Ängste helfen? Wie können sie überwunden oder kleingehalten werden?

(Nach einer Idee von S. Deisenroth-Rogge und R. Rogge in: Du stellst meine Füße auf weiten Raum. Berichte, Modelle, Anregungen für den Kindergottesdienst, hg. von B. Schlüter und W. Traub, ©Gütersloher Verlagshaus GmbH, Gütersloh 1994, S. 61 – 62)

Eingangsgebet

Gott, Quelle des Lebens,
an diesem Morgen bitten wir dich:
Vertreibe, was uns Angst macht.
War Streit, so lass Gutes daraus wachsen.
War es in den letzten Tagen nur hektisch,
so lass uns nun zur Ruhe kommen.
Sei bei uns, Gott, in diesem Gottesdienst
und in den Tagen der neuen Woche.

Fürbitte

Guter Gott, wir bitten dich:
Um Frieden für uns,
damit wir keine Angst haben in schlimmen Träumen,
damit die Angst nicht übermächtig wird,
wenn wir einmal alleine sind.
Sei du uns nahe,
damit wir Mut haben und lachen und spielen können.
Wir bitten dich um Frieden,
damit alle Menschen auf der Welt
ohne Angst leben können.
Wir bitten dich heute ganz besonders für ... *(aktuelles Anliegen).*

(Ein sehr schönes Schlussgebet von Lydia Laucht zum Thema findet sich in »Du bist da 2004«, S. 22.)

26. November 2006 — EWIGKEITSSONNTAG

Psalm 31,1–16a – Zwischen Angst und Vertrauen

Eingangsgebet

Guter Gott, du sorgst dich um uns,
wie gute Eltern sich um ihre Kinder sorgen.
Du merkst es, wenn wir Angst haben.
Gerade dann willst du uns nahe sein.
Wir danken dir, dass wir dir sagen dürfen,
wovor wir Angst haben:
vor dem Gewitter, der Dunkelheit,
davor, dass unsere Eltern sich streiten.
Wir haben Angst davor, krank zu werden ...
(Hier können von den Kindern genannte Ängste eingesetzt werden.)

Und manchmal haben wir auch Angst vor dem Tod.
Guter Gott, du sorgst dich um uns,
wie gute Eltern sich um ihre Kinder sorgen.
Wir können dir erzählen,
was uns Sorgen macht und Angst bereitet.
Du hast uns versprochen, immer bei uns zu sein.
Dafür danken wir dir.

Gebet zum Abendmahl

Gott,
du gabst uns das Leben.
Du ermutigst uns an jedem neuen Tag.
Du schenkst uns Freundinnen und Freunde,
Menschen, die zu uns halten.
Du gibst uns Brot, das den Hunger stillt,
und den Saft der Trauben zur Feier des Lebens.
Wir danken dir, dass du uns liebst
und niemanden im Stich lässt.
Dafür danken wir dir.

Gebet auf dem Friedhof

Gott, du schenkst das Leben.
Zu dir gehören wir, wenn wir leben und wenn wir sterben.
Du bist uns nahe am Tag unserer Geburt,
an jedem Tag unseres Lebens.
Und auch, wenn wir einmal sterben müssen,
lässt du uns nicht alleine.
Auf diesem Friedhof haben wir Gräber gesehen
von Menschen, die gestorben sind,
alte Menschen und junge.
Wir bitten dich, lass sie nicht allein.
Wir denken an Menschen, die traurig sind,
weil jemand gestorben ist.
Lass sie das Leben neu entdecken
mit deiner Hilfe und mit der Hilfe von Menschen,
die sie verstehen.

Vater unser ...

Erhard Reschke-Rank

Advent – der weite Weg nach Bethlehem
Advent und Weihnachten nach Lukas

FÜR DIE GANZE REIHE

Es bietet sich an, an diesen Sonntagen das Bildwort vom Weg nach Bethlehem auch wirklich *ins Bild* zu setzen. Erzählung, kreative Arbeit und Gestaltung der Liturgie sollten sich daran ausrichten. Wenn irgend möglich, bleibt das entstehende Wege-Bild durch die ganze Advents- und Weihnachtszeit für alle sichtbar.
Mit Steinen und Sand können Wege entstehen, auf denen Figuren entsprechend der Geschichten der Sonntage unterwegs sind.
Liturgische Stücke säumen als gestaltete Textblätter den Weg und erlauben auch unbeteiligten Betrachtern, Inhalte zu verstehen.
Wenn diese Gestaltung als Landschaft auf einer Tischfläche oder auf dem Boden nicht möglich ist, kann man eine großflächige Arbeit auf Stoff oder starkem Papier anlegen. Dann werden die Wege gemalt und die Figuren und Texte darauf geklebt. Der Nachteil ist, dass keine Veränderungen der Bildteile mehr möglich sind. Darum muss diese Form sehr sorgfältig durchgeplant sein.
Hier werden zu jedem Sonntag kleine Hinweise gegeben, wie sich das Wegebild entwickeln lässt. Psalmen und andere Texte haben Bezüge in das Wegebild hinein. In den Gebeten wird versucht, einen Aspekt des Sonntagsthemas in Lob, Dank, Klage oder Fürbitte aufzunehmen.

3. Dezember 2006　　　　　　　　　　　　　1. ADVENT

Lukas 1,5-25.57-66 – Ein neuer Weg für Zacharias

Psalm

Zu Psalm 24 gibt es zahlreiche Übertragungen, auf die man zurückgreifen kann. Auch die Verwendung des Luthertextes ist für Kinder eindrücklich, wenn der Psalm eingeleitet wird. Eingeleitet werden könnte der Psalm so:

Der Weg zum Tempel ist für viele Menschen wichtig. Ganz besonders wichtig ist er für die Männer, die im Tempel Dienst tun dürfen. Sie freuen sich, wenn das Los sie für diese Aufgabe bestimmt hat. Und darum singen sie auf dem Weg in den Tempel hinein ein Lied voller Freude.

Der Psalm, den wir jetzt miteinander lesen/hören, ist ursprünglich ein solches Lied auf dem Weg in das Innerste des Tempels. Auch Zacharias, von dem wir heute mehr hören werden, hat diesen Psalm gesprochen, gesungen und gehört, wenn er im Tempel Dienst tat ...

Eingangsgebet

Lebendiger Gott,
wir haben uns auf den Weg gemacht.
Jetzt sind wir hier, in der Kirche (in unserem Kindergottesdienstraum).
Wir danken dir, dass wir diesen Platz hier haben.
Wir können den Gottesdienst miteinander feiern.
Hilf, dass auch unsere Gedanken jetzt hier sind.

Leitgedanken für ein Fürbittengebet
Zacharias kann nicht mehr reden. Wir bitten für Menschen, die keine eigenen Worte finden.
Oder: Zacharias betet ohne Worte – Wir beten in Stille und vertrauen darauf, dass Gott auch das hört.

Vorschlag für ein Gebet ohne Worte
Eine große Schale reichlich mit leicht angefeuchtetem Sand füllen. Dünne lange Kerzen bereithalten. Jedes Kind, das Gott in der Stille etwas »sagen« möchte, nimmt eine Kerze, zündet sie an der Oster- oder Altarkerze an und steckt sie in den Sand. Nach drei bis vier Kerzen singen alle: »Herr, erbarme dich« oder einen anderen vertrauten Gebets-Kehrvers. Wichtig ist, dass jedes Kind allein und in Ruhe eine Kerze anzünden und einen Moment still bleiben kann. Dieser Moment für jedes Kind soll wirklich von allen anderen respektiert und mitgetragen werden. Erst wenn das betende Kind wieder auf seinem Platz steht, geht ein anderes Kind zu den Kerzen. Um das stille Gebet nicht zu stören, müssen die »Regeln« vorher in Ruhe und klar beschrieben werden.

Das Wegebild
An den Weganfang wird ein Satz aus dem Psalm 24 gelegt, z.B. »Machet die Tore weit und die Türen in der Welt hoch, dass der König der Ehre einziehe«. Ein Zacharias-Motiv wird gestaltet. Dazu wird z.B. geschrieben: »Gott hört mein Gebet, auch wenn mein Mund stumm ist.« Die einzelnen Teile können in den verschiedenen Gruppen entstehen und im Schlussteil des Gottesdienstes zusammengefügt werden.

10. Dezember 2006 **2. ADVENT**

Lukas 1,26-45.46-55 – Verheißungsvolle Wege
Maria und Elisabeth

Statt eines Psalms
Übertragung aus der Verkündigung an Maria mit einer Einleitung:

Noch ehe Maria der Gedanke kam, sie könnte schwanger sein, hat Gott diesen Gedanken längst gehabt. Und Gott will, dass Maria das weiß. Darum schickt Gott einen Boten zu Maria. Der Bote sagt:

»Maria, du wirst schwanger werden.
Du wirst einen Sohn bekommen.
Gott hat den Namen für ihn ausgesucht. Er soll Jesus heißen.
Er wird eine besondere Bedeutung haben.
Sohn des Höchsten wird er genannt werden.
Gott selbst bestimmt ihn zum König.
Er wird ein ganz anderer König sein.
Sein Reich ist unzerstörbar.«

Lob, Dank und Fürbitte

Gott, jedes Kind ist von dir gewollt.
Wir danken dir dafür.
Gott, du hast uns schon lieb gehabt und gekannt,
als wir noch nicht auf der Welt waren.
Wir danken dir dafür.
Gott, wir danken dir für jede Mutter,
die ein Jubellied singt, wie Maria oder Elisabeth.
Wir danken dir für jeden Vater,
der ein Kind begleitet wie Josef oder Zacharias.

Wir sehen aber auch, dass es nicht immer so gut ist.
Darum bitten wir dich für die Kinder,
die das Gefühl haben, dass sie nicht gewollt sind:
Schenke ihnen Menschen,
die sie gern haben und in den Arm nehmen.

Wir bitten dich für Eltern, die müde und genervt sind.
Lass sie deine Nähe spüren und gib ihnen neue Kraft.

Wir bitten dich für die Kinder, denen es nicht gut geht
und deren Leben bedroht ist.

Lass sie erfahren, dass du sie niemals allein lässt.

Wir bitten dich für die Eltern, die Angst um ihre Kinder haben. Schenke ihnen Trost.

Weil du unser Vater bist, vertrauen wir dir
und beten zu dir als deine Kinder:

Unser Vater im Himmel ...

Das Wegebild
wird fortgesetzt mit einer Szene der Begegnung von Maria und Elisabeth. Dazu wird ein (frei übertragener) Satz aus Elisabeths Gruß und Marias Lobgesang ausgewählt und geschrieben, z.B.: »Ich freue mich, dass du zu mir kommst! Sogar das Kind, das noch nicht geboren ist, freut sich mit!« und: »Meine Seele jubelt über Gott. Gott ist so groß und sieht doch jemanden wie mich voller Liebe an.«

17. Dezember 2006   3. ADVENT
Lukas 2,1-7 – Der Weg nach Bethlehem (Schwerpunkt)

Statt eines Psalms (Micha 5,1 ff mit einer Einleitung)

Mit Maria und Josef sind wir heute unterwegs. Ihr Ziel kennen wir alle. Es ist das Dorf Bethlehem. Lange Zeit vorher hat jemand etwas von Bethlehem aufgeschrieben. Das war der Prophet Micha. Micha hat erlebt, dass in Israel ganz viel zerstört war. Alles um Micha her war Chaos. Es gab keine gute Regierung mehr im Land. Es gab niemanden, der sich verantwortlich fühlte. Es gab niemanden, der Recht sprach.

Da bekam Micha den Auftrag, im Namen Gottes zu reden:
»Ihr habt vergessen, wie das Leben sein soll.
Jetzt erlebt ihr die Folgen davon.
Das Chaos und der Schrecken kommen daher,
dass ihr Gott vergessen habt.

Jetzt sehen die anderen auf euch herab und spotten:
‚Schaut hin, mit diesem Volk ist nichts mehr los.'

Doch ich sage euch im Namen Gottes:
Gott wird euch nicht vergehen lassen.
Gott ist gnädig. Gott will wieder mit euch beginnen.
So wie er vor langer Zeit in Bethlehem
den Hirtenjungen zum König erwählte,
so will Gott wieder einen Anfang machen.

Bethlehem ist klein.
Doch weil Gott dort einen neuen Anfang setzt, ist es groß.
Gottes Herrschaft hat kein Ende.«

Gebet

Guter Gott,
manchmal denke ich: Jetzt ist alles aus.
Ich habe so viel Mist gebaut.
Ich habe so viel falsch gemacht.
Das wird nicht mehr gut werden.
Doch du gibst nichts verloren.
Du lässt mich nicht fallen.
Mit dir kann ich neu anfangen.
Du gibst mir Zuversicht und Mut. Dafür danke ich dir.

Für das Wegebild

Maria und Josef auf dem Weg. Dazu einen Abschnitt aus dem Micha-Text, z.B.: »Gott ist gnädig. Gott will wieder mit euch beginnen. So wie er vor langer Zeit in Bethlehem den Hirtenjungen zum König erwählte, so will Gott wieder einen Anfang machen.«
Ob Maria und Josef an den Text des Micha denken, während sie nach Bethlehem gehen?

24. Dezember 2006   **4. ADVENT/HEILIGABEND**

Lukas 2,8-20 – Der Weg der Hirten zur Krippe (Schwerpunkt)

Statt eines Psalms

Übertragung zum Lobgesang der Maria (Lukas 1,46 ff) mit einer Einleitung.

Als Maria erst kurze Zeit wusste, dass sie schwanger war,
da hat sie ein wunderschönes Lied gesungen.

»Von ganzem Herzen lobe ich Gott.
Meine Freude über Gott kann nicht aufhören.
Der große Gott achtet auf mich.
Gott, der Mächtige und Heilige, hat mir alles geschenkt.
Gottes Barmherzigkeit ist grenzenlos.
Gott richtet die Erniedrigten auf.
Gott überlässt den Gewalttätigen nicht die Macht,
sondern stürzt sie von ihrem Thron.

Gott wendet sich den Hungrigen zu und stillt ihren Hunger.
Die Übersättigten lässt er leer ausgehen.
Gott vergisst seine Barmherzigkeit niemals.
Auf Gott ist Verlass.«

Lob

Gott, wenn ich über dich nachdenke, staune ich.
Du übersiehst die Kleinsten niemals.
Du bist der Schöpfer des Lebens und liebst jedes Wesen.
Du bist so groß und kommst als Kind in diese Welt.
Ich kann es nicht begreifen, doch du bist da.
Gott, ich danke dir.

Schlussgebet

Wie die Hirten wollen wir uns auf den Weg machen,
um dich zu finden.
Mit den Hirten wollen wir dich erkennen
in dem Kind in der Krippe.
Wie die Hirten wollen wir von dir weiter erzählen.
Gott, begleite uns.

Für das Wegebild
wird der Stall gestaltet. Die Hirten sind auf dem Weg. Der Lobgesang der Engel wird dazu geschrieben.

25/26. u. 31. Dez. 2006   Christfest und 1. Sonntag nach Weihnachten

Lukas 2,22-39 – Der Weg nach Jerusalem in den Tempel

Statt eines Psalms
Übertragung von Psalm 27 i.A.

Gott ist mein Licht.
Keine Dunkelheit kann mich verschlingen.
Gott ist mein Heil.
Darum kann Angst mich nicht vernichten.
Gott gibt mir mein Leben.
Darum soll nichts mein Lebensrecht beschneiden.

Eines bitte ich Gott:
Ich möchte in seiner Nähe bleiben.
In seinem Haus möchte ich leben.
Seine Freundlichkeit soll mich umhüllen
mein Leben lang.

Verbirg dich nicht vor mir, Gott.
Denn ich brauche deine Hilfe.
Verlass mich nicht.
Lass mich deine Hand immer spüren
und zeige mir deinen Weg.

Zur Weggestaltung
Jerusalem wird an dem Weg gestaltet. Simeon und Hannah werden dazugefügt. Zu ihnen wird der Satz gelegt: »Meine Augen haben den Herrn gesehen.«

Gebet

Gott, manchmal ist es großartig,
alten Menschen zu begegnen.
Wir danken dir für die Geschichten,
die sie erzählen können.
Wir danken dir für das Leben,
das du ihnen geschenkt hast.

Gott, manchmal ist es schwer,
alten Menschen zu begegnen.
Ihre Gedanken sind uns fremd.
Sie verstehen vieles nicht, was uns wichtig ist.
Gott, hilf uns, dass wir uns begegnen können.
Gib Kindern und alten Menschen Geduld miteinander.

Gott, schenke uns gute Begegnungen.

Brigitte Messerschmidt

Stichwortregister

Auf Begriffe zum Kirchenjahr wie Advent, Weihnachten oder Ostern wurde in diesem Register verzichtet, da die Texte entsprechend den einzelnen Sonntagen des Kirchenjahres abgedruckt sind.

Stichwort	Seite
Ärger / Wut	41, 80, 82
Angst	12, 28, 29, 34, 35, 37, 57, 62, 84, 85, 92
Bitte	22, 24, 38, 41, 65, 70, 86, 89
Dank	13, 16, 21, 22, 24, 39, 50, 51, 52, 53, 55, 57, 59, 62 67, 70, 89, 93
Freude	18, 19, 20, 60, 65
Freundschaft	24, 30, 47, 48, 86
Friede	18, 25, 52, 85
Gemeinschaft	24, 27
Gerechtigkeit	66, 68, 80, 81
Gottesdienst	13, 18, 22, 49, 51, 52, 53, 71, 75, 77, 84, 88
Gottes Hilfe / Schutz	12, 13, 14, 16, 17, 18, 20, 43, 49, 52, 69, 83, 85, 93
Gottvertrauen	12, 13, 16, 32, 43, 46, 50, 64, 83
Heiliger Geist	30, 72, 77
Hoffnung	12, 35, 83
Jesus	18, 28, 30, 31, 32, 46, 47, 48, 52, 64, 77
Klage	26, 41, 66
Liebe Gottes	49, 52, 53, 79, 86
Macht / Ohnmacht	17, 20, 21, 29, 31, 32, 80, 91
Mut	12, 34, 36, 49, 78, 79, 85, 91
Schöpfung	22, 39, 60, 62, 63, 66, 70, 71, 74, 75
Schuld / Versagen	26, 30, 91
Segen	12, 15, 19, 22, 35, 40, 46, 53, 61, 71, 79
Selbstvertrauen	21, 28, 34
Staunen	19, 43
Streit	25
Traurig sein / Trauer	35, 50, 53, 60, 65, 70, 86
Vergebung / Versöhnung	82

Bibelstellenregister

Bibelstelle	Seite
1. Mose 1,1 – 2,4a	73
1. Mose 1,14-19	63
1. Mose 6,5 – 7,24	69
1. Mose 8,1-20	70
1. Mose 8,20 – 9,1; 9,8-17	70
Josua 1,5b	9
Rut 1	49
Rut 2,1-17	51
Rut 3 und 4	52
1. Könige 19 i.A. (9-13a)	54
Psalm 19	60
Psalm 19,1-7	62
Psalm 27	12
Psalm 31,1-16a	85
Psalm 34	59
Psalm 72	18
Psalm 74,16	63
Psalm 84,12	63
Psalm 91	83
Psalm 91,11	14
Psalm 91,11-12	16
Psalm 104	71
Psalm 145	79
Psalm 147	42
Jesaja 38	41
Jeremia 1,4-12.17-19	65
Jeremia 18,1-17	67
Jeremia 26,1-16	66
Jeremia 37-38,13 i.A.	68

Bibelstelle	Seite
Matthäus 1,1-17	19
Matthäus 2,13-15 (16-18). 19-23	16
Matthäus 5,1-16	20
Matthäus 6,5-13	42
Matthäus 8,5-13	20
Matthäus 8,23-27	84
Matthäus 9,9-13	80
Matthäus 13,1-9	46
Matthäus 13,33	47
Matthäus 13,45-46	48
Matthäus 18,21-33	82
Matthäus 19,13-15	21
Matthäus 20,1-5	80
Matthäus 21,1-17	28
Matthäus 25,14-30	77
Matthäus 26,1-16	29
Matthäus 26,47-56	30
Matthäus 27,1.2.11-16	31
Matthäus 27,31-54	32
Matthäus 28,1-10	35
Matthäus 28,16-20	36
Markus 7,31-37	58
Markus 8,22-26	56
Lukas 1,5-25.57-66	87
Lukas 1,26-45.46-55	89
Lukas 2,1-7	90
Lukas 2,8-20	91
Lukas 2,22-39	92
Lukas 11,5-8	43
Apostelgeschichte 12,6-17	17
Apostelgeschichte 16,11-13	24
1. Korinther 12,12-31	75
Galater 6,2	25

Die Mitarbeiterinnen und Mitarbeiter dieses Buches

Ute Bögel, Nelkenstraße 8, 71297 Nellmersbach
Ellen Eidt, Marktstraße 9, 75438 Knittlingen
Lutz Geiger, Dorfstraße 6, 71263 Weil der Stadt
Alma Grüßhaber, Birkenwaldstraße 189, 70191 Stuttgart
Peter Hitzelberger, Birckheckenstraße 80, 70599 Stuttgart
Regina Hitzelberger, Birckheckenstraße 80, 70599 Stuttgart
Lydia Laucht, Am Langen Rod 19, 34537 Bad Wildungen
Alfred Mengel, Hermann-Meier-Str. 3, 49838 Lengerich/Emsland
Brigitte Messerschmidt, Brüner Straße 11, 46499 Hamminkeln
Gottfried Mohr, Am Sonnenhang 30, 71384 Weinstadt-Beutelsbach
Birgit Müller, Solmsstraße 2, 60486 Frankfurt
Wolfgang Müller, Weinstraße 18, 74369 Löchgau
Horst Ramsch, Bühlauer Straße 44b, 01474 Schönfeld-Weißig
Erhard Reschke-Rank, Viktoriaallee 32, 52066 Aachen
Barbara Rösch, Zinzendorfplatz 3, 99192 Neudietendorf
Claudia Rembold-Gruss, Mühlwehrstraße 11, 97980 Bad Mergentheim
Dieter Witt, Böcklerstraße 8, 51379 Leverkusen